Le fabuleux destin des mots

Direction éditoriale :
Kathie Fagundez

Édition :
Gwenaëlle Aznar

Correction :
Nathalie Rachline

Fabrication :
Nicolas Zeifman

Direction artistique :
Vincent Rioult
Conception et réalisation graphiques de la couverture :
Studio BDAG
Conception et réalisation graphiques de l'intérieur :
Studio Offgraphisme

Infographie :
Mathieu Avanzi
Adaptation des infographies :
Antoine Levesque

Une partie des textes de cet ouvrage sont extraits
du livre *200 drôles de mots qui ont changé nos vies depuis 50 ans*, édité par Le Robert en 2017,
sous la direction d'Alain Rey.

92, avenue de France, 75013 Paris

ISBN 978-2-32102-043-1

D'APRÈS L'ŒUVRE
D'**ALAIN REY**

Le fabuleux destin des mots

Un ouvrage dirigé par

MATHIEU AVANZI

Avec la contribution de

GWENAËLLE AZNAR

et de

CORALIE BOURNONVILLE
YAËL FREUND
DAVID GALAND
MARION GUILLOT
MARJORIE JEAN
DELPHINE LIVET
MICHEL MAGNIEZ
MARION MOREAU
AMANDINE MUSSOU
VIOLAINE NICAUD
CAMILLE WOLFF

DE 1960 À NOS JOURS

LE ROBERT

Remerciements

Je tiens à remercier mes étudiants, qui ont toujours été des témoins hors pair pour m'aider à comprendre ces mots à la mode chez les jeunes. Un grand merci aussi aux éditrices Gwen et Kathie pour leur contribution précieuse, Bérengère qui a accompagné le projet dans sa genèse, et Géraldine qui a accepté de rédiger la préface.

Alain Rey a toujours été une source d'inspiration inégalée. Ç'a été un plaisir de continuer cet ouvrage sur les mots des générations en hommage à son travail.

Mathieu Avanzi

Sommaire

Les années 60

Les années 70

Les années 80

Les années 90

Les années 2000

Les années 2010-2020

Les mots du glossaire sont indiqués dans le texte par une astérisque.

Préface

Écoutons-nous parler. Les mots que nous employons ne sont pas seulement des outils à notre service. Ils nous racontent une histoire : la nôtre, celle de notre époque.

(R)évolutions technologiques, défis de société, idéologies, modes de vie, loisirs… tout ce qui évolue avec le temps évolue aussi avec la langue. Organisme vivant, celle-ci s'enrichit continuellement pour nous permettre de dire nos nouvelles réalités. Pour reprendre les mots d'Alain Rey, qui a longtemps dirigé la rédaction des dictionnaires Le Robert : « La langue court après le réel et elle ne le rattrape jamais. Le lexicographe court après la langue et ne la rattrape pas tout à fait[1]. »

Car c'est notre métier, à nous lexicographes, que de suivre ces évolutions et d'en rendre compte au sein des dictionnaires. Les néologismes sont plus nombreux qu'on ne le pense : ce sont des milliers de mots, d'expressions ou de sens nouveaux que les documentalistes du Robert collectent chaque année dans les médias, la littérature, les réseaux sociaux, les conversations courantes… Bon nombre d'entre eux resteront confidentiels ou, comme les modes, ne vivront que le temps d'une saison. Ils ont toutefois leur importance. D'autres s'installeront plus durablement dans la langue française avec la réalité qu'ils désignent – parfois très rapidement, parfois en prenant leur temps. Ce sont eux qui intéressent un dictionnaire de référence comme *Le Petit Robert*. Plusieurs critères guident le choix des mots qui vont figurer dans ses pages. La fréquence d'usage d'un terme, bien sûr, mais aussi sa diffusion : il faut qu'il soit employé par un nombre significatif de locuteurs, dans des types de discours variés (et pas seulement par une communauté restreinte), sans quoi il reste cantonné au lexique spécialisé. Mais aussi la pérennité : l'implantation d'un mot dans la langue se juge selon son évolution sur plusieurs années. Évidemment, l'importance du concept (scientifique, idéologique…) entre aussi en ligne de compte, car il serait impensable de passer sous silence des termes comme *séroconversion* ou *Minitel* qui, bien que plus techniques ou moins pérennes, laissent leur empreinte dans leur domaine ou sur leur époque.

1. « Alain Rey: la république des dictionnaires », sur rts.ch, le portail audio de la RTS.

Tout occupé à courir après l'usage, le lexicographe prend pourtant rarement le temps de regarder derrière lui pour faire parler d'une voix commune les néologismes qu'il a consignés pendant plusieurs années, voire plusieurs décennies. C'est cette rétrospective passionnante que nous propose aujourd'hui le linguiste Mathieu Avanzi, à partir des recherches et des textes d'Alain Rey. Des événements de mai 1968 aux années Covid en passant par la conquête spatiale, les nouvelles technologies ou la crise climatique, le classement à la fois chronologique et thématique de cet ouvrage (à la différence du classement alphabétique des dictionnaires qui fait se côtoyer des mots sans rapport les uns avec les autres) permet de mettre en lumière les liens étroits entre langage et société.

En s'intéressant à leurs origines, l'ouvrage offre également une captivante photo de famille de ces mots nés simultanément en français, et néanmoins d'ascendances diverses. Il peut s'agir d'emprunts à d'autres langues comme l'anglais bien sûr, dans un monde de plus en plus globalisé (*hippie*, *greenwashing*, *ghoster*…), mais aussi le japonais (*manga*, *sudoku*…), le russe (*nomenklatura*, *refuznik*…), l'arabe (*seum*, *miskine*…), l'argot ivoirien (*s'enjailler*, *ambiancer*…). Les mots sont également formés à partir de la dérivation de préfixes et suffixes (*décolonisation*, *juillettiste*, *soixante-huitard*, *sauvageon*…), d'éléments grecs ou latins (*ethnocide*, *phallocratie*, *cybersécurité*…), de mots composés ou mots-valises (*lave-vaisselle*, *sans-papiers*, *bistronomie*…), de sigles (*IRM*, *ovni*, *ZEP*…), d'abréviations (*facho*, *écolo*, *intello*…). Et même de nouveaux procédés de formation grâce à l'apparition du verlan à la fin des années 1970 (*meuf*, *ouf*, *à donf*…), ou plus récemment du suffixe familier *-ax* (*tendax*, *éclatax*…), dont seul l'avenir nous dira la pérennité.

Enfin, l'iconographie typique de chaque période, les courbes de fréquence indicatives, ainsi que les citations d'époque, confèrent à cette immersion dans les différentes générations de la langue française un attrait tout particulier.
Je vous souhaite un fabuleux voyage à remonter les mots.

Géraldine Moinard
Lexicographe, directrice de la rédaction
des dictionnaires Le Robert

Les années 60

Oh yeah ! Ce n'est pas pour rien que cette décennie est communément désignée sous le terme de « sixties », cette période étant marquée par l'explosion des **emprunts à l'anglais**. Quoi de plus cool en effet que de décrire le mouvement de contre-culture **hippie** prônant vie en communauté, drogues et philosophies orientales avec les slogans anglo-saxons* *Flower Power* et *Peace and Love* ? Les chanteurs français, en reprenant des tubes d'outre-manche, en ont d'ailleurs récolté un surnom : les **yéyés**. Jeans, minijupes et pantalons à pattes d'eph se généralisent, une **mode** elle aussi importée. C'est ainsi vêtus que les jeunes rejettent les carcans hérités de leurs parents et prennent en main leur sexualité dans un mouvement de **libération sexuelle**. Libérés, et dans la rue, en **Mai 68**, ils manifestent vigoureusement avec les ouvriers jusqu'à paralyser le pays. Grâce à l'obtention d'une quatrième semaine de congés payés, les Français partent de plus en plus en **vacances**, tandis que les montagnes se parent de stations de **ski** pour toutes et tous. Le consumérisme démarre, et l'on se rue dans les **supermarchés** nouvellement créés, pour acheter des **objets inédits**. Alors que sur Terre, on assiste à un mouvement **d'indépendance de nos colonies**, des hommes s'envolent dans l'**espace** et posent le pied sur la Lune, faisant prendre conscience de l'**unicité de notre planète**, qu'il faut préserver.

Prendre son pied

En 1960, la sexualité est associée, du fait des conventions sociales, à la procréation. Le développement des contraceptifs amorce un mouvement qu'on appellera libération (ou révolution) sexuelle. Le plaisir associé à l'acte devient de plus en plus valorisé et recherché.

Les **antinatalistes,** mot formé vers 1960, avec le préfixe* *anti*, qui signale une opposition et *nataliste* (partisan du développement de la natalité), font de plus en plus entendre leurs voix dans les discussions sur la libération sexuelle. Les adeptes de ces mouvements anticonformistes prônent une philosophie radicale remettant en question l'idée que les êtres humains doivent obligatoirement procréer. Ils sont partisans de la liberté individuelle et de la possibilité de choisir sa propre voie, y compris en matière de parentalité. Les individus sont encouragés à explorer leurs désirs les plus profonds et à les assumer sans honte ni culpabilité. Symbole des changements sociaux de cette décennie, l'expression « **prendre son pied** » prend un nouveau sens. Dans l'argot français du XIXe siècle, le mot « pied » désigne la part du butin que l'on se partage après un vol. À cette époque, quand on s'exclame qu'on en a son pied, c'est qu'on en a assez. Dès le début du XIXe siècle, l'expression passe de l'argot des voleurs à celui des prostituées. À partir des années 1968, le sens de « en avoir pour sa part » s'applique aux femmes qui reçoivent leur « ration [de plaisir] » quand elles font l'amour, avant d'être utilisée aussi pour les hommes. La question de la **transsexualité** (mot formé sur *sexualité*, vers 1960, au moyen du préfixe latin *trans-* « au-delà », qui exprime l'idée d'un changement, de quelque chose qu'on traverse), émerge également. La libération sexuelle offre un espace pour l'acceptation et la célébration de toutes les identités de genre.
Les moyens **contraceptifs** comme les **spermicides**, la **pilule**, et le **stérilet** (voir graphique), symboles de contrôle des naissances, permettent aux femmes de prendre le contrôle de leur propre fertilité, renforçant ainsi leur autonomie et leur liberté sexuelle. Des termes comme *nympho*, apocope* de *nymphomane*, qui désigne étymologiquement une femme dont les besoins sexuels sont exacerbés et provoquent un comportement pathologique, ou *mère célibataire*, employés depuis plusieurs décennies, débarrassés de leur connotation péjorative, sont alors utilisés dans un nouveau sens.

Chronologie

1960 Création du Mouvement français pour le planning familial et ses centres destinés à informer et distribuer des contraceptifs.

1964 Yvette Roudy traduit l'essai féministe *La Femme mystifiée* de l'Américaine Betty Friedan.

1966 Michel Polnareff chante *Love me, Please love me.*

1967 La loi Neuwirth autorise désormais la vente de la pilule contraceptive.

1967 Menie Grégoire répond aux femmes sur RTL qui lui racontent leurs problèmes de cœur et de sexualité.

1967 Le film *La Religieuse* de Jacques Rivette, censuré en 1966, est autorisé en juillet.

22 mars 1968 Mouvement étudiant revendiquant le droit d'un accès au dortoir des filles.

Prendre la pilule *ou* un spermicide

Contraceptif Attesté* en 1963. Mot emprunté à l'anglais *contraceptive*, formé à partir de la combinaison du préfixe* *contra-* « contre » et de *-ceptive* (sur *conceptive*, « conceptif »).

Pilule (prendre la) Formé sur le latin *pilula* (diminutif de *pila*, au sens de « boule »), le mot « pilule » désigne un médicament sous forme de boule, destiné à être avalé. Dès 1957, date de commercialisation des premières pilules contraceptives en France, la pilule désigne spécifiquement ce moyen de contraception (*prendre la pilule, être pour la pilule*, etc.).

Spermicide Attesté dès 1965. Composé de *sperme* avec le suffixe* *-cide* (du latin *cidium*, *-cida*, suffixes qui se rattachent au verbe *caedere*, « frapper, abattre, tuer »).

Stérilet Mot attesté en 1966, composé sur *stérile* au moyen du suffixe *-et*.

FRÉQUENCE DANS L'USAGE DES MOTS *PILULE*, *CONTRACEPTIF*, *SPERMICIDE* ET *STÉRILET*, DE 1950 À 2019**

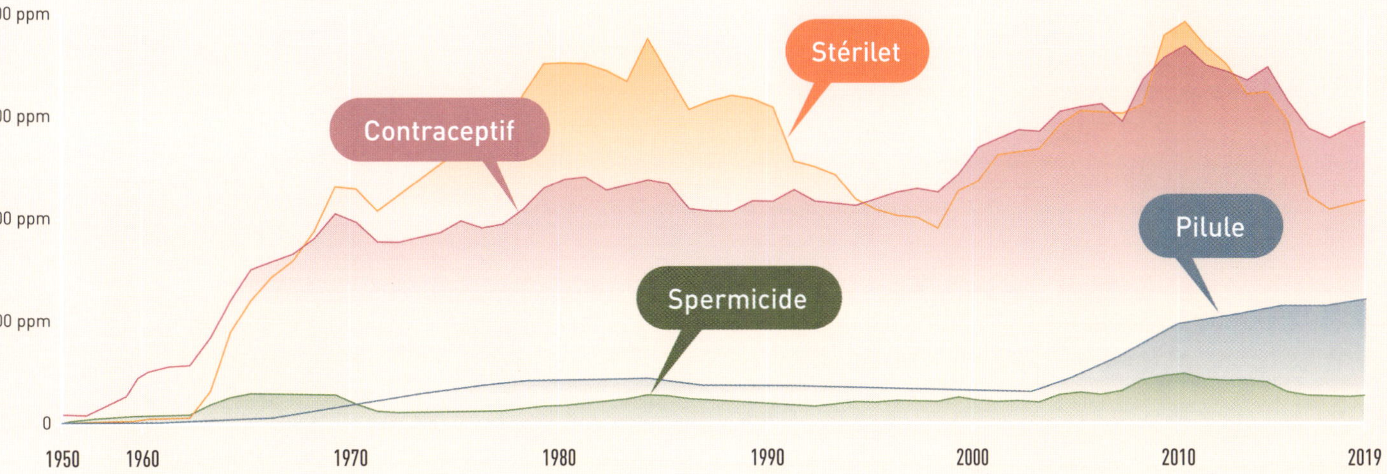

** dans les recherches Google Ngram

Un *best of* des anglicismes en *live*

À la suite de la mise en place du plan Marshall, programme d'aide à la reconstruction économique des pays sinistrés par la Seconde Guerre mondiale, l'influence américaine se fait de plus en plus présente en Europe. Par conséquent, de nombreux termes anglo-saxons viennent alimenter la langue française.

En français, on appelle « emprunt » ce processus néologique* qui consiste en l'adoption d'un mot ou d'une expression venue d'une langue étrangère. En général, l'apparition d'un emprunt dans la langue s'explique par le besoin de nommer un nouvel objet ou une nouvelle situation. Dans les années 1960, l'Europe est fortement influencée par la culture américaine. Aussi, il n'est pas étonnant que de nombreux mots d'origine anglo-saxonne* se trouvent intégrés dans le lexique courant. D'un point de vue linguistique, ces emprunts – qu'on appelle « anglicismes* » – peuvent être classés en quatre types :

– Les emprunts intégraux concernent les mots anglais repris tels quels, comme *boom*, *cool* ou encore ***eye-liner***;

– Les emprunts hybrides ont subi des adaptations plus ou moins fortes à l'instar du *transistor* traduit en *transistron*, puis en *transisteur*. Dans cette catégorie, citons également d'autres mots dérivés de l'anglais : *boum* et *cool*, auxquels des affixes* français ont été ajoutés : *surboum* ou *coolos* ;

– Les emprunts sémantiques* sont des mots français qui ont acquis un sens nouveau sous l'influence de l'anglais. Ainsi, l'adjectif ***digital***, dont le sens premier était « relatif au doigt », est utilisé dans le sens de « numérique », formé à partir de l'anglais *digits* (quantités mesurées sous forme discrète) ;

– Les faux emprunts, comme ***brushing***, combinent deux éléments anglais (*brush* et *ing*), mais n'existent pas en anglais !

Bien que contribuant à l'enrichissement et à la diversité du vocabulaire, les emprunts suscitent parfois des débats sur la préservation de la langue. C'est pourquoi il existe, depuis les années 1990, des commissions d'experts chargés de proposer des termes respectant les sonorités et les structures de la langue française en vue de remplacer des mots d'origine anglo-saxonne. Ainsi, le terme « anthologie » a été suggéré pour remplacer « best of » ; « déridage », « lissage » ou « remodelage » pour remplacer « lifting », etc.

Brushing

Formé sur l'anglais *brush* « brosse » et du suffixe *-ing* (qui sert à former le participe présent et exprime une action), le mot *brushing* apparaît en 1966 pour désigner un processus de coiffage en vogue qui consiste à brosser les cheveux mouillés, mèche à mèche, tout en les chauffant au moyen d'un sèche-cheveux.

Transistor

Emprunté à l'anglais, le mot est composé du préfixe *trans-* de l'anglais *to transfer* (issu du français *transférer*) et de *-istor*, forme aphérésée* de *resistor* (rhéostat, résistance). Il désigne, dès le début des années 1960, une radio portable équipée de transistors et alimentée par des piles, qui rencontre un grand succès chez les jeunes. Les équivalents *transistron* et *transisteur*, proposés comme des équivalents français, ne se sont jamais imposés.

Boom

De l'américain *boom*, « détonation », le mot est attesté* dès le début des années 1950 pour désigner la fête annuelle de l'École des hautes études commerciales de Paris (le mot masculin utilisé est « boom-HEC »). Il passe dans l'argot pour désigner une fête organisée par ou pour de jeunes personnes, en alternance avec *surboum* (créé sur le modèle de *surprise-partie*).

Digital

De l'anglais *digit* « nombre ». Adjectif qui s'emploie pour qualifier quelque chose de relatif aux *digits*, c'est-à-dire aux quantités mesurées sous forme discrète : une horloge digitale. *Digit* est un emprunt au latin *digitus* « doigt », et s'il est devenu apparenté au « chiffre », c'est qu'on compte jusqu'à 10 avec les doigts. L'adjectif « numérique » est recommandé pour remplacer cet anglicisme*, qui crée des confusions avec « digital » employé avec le sens de « ce qui concerne les doigts » : pavé digital, touches digitales, etc.

Tout schuss

Jusque dans les années 1950, les sports d'hiver sont réservés à une élite. La France ne dispose que d'une poignée de stations, dont Chamonix, qui a accueilli les Jeux olympiques de 1937.

Un domaine sportif très spécifique correspond à l'exploitation de phénomènes naturels hivernaux dans l'hémisphère Nord : neige, glace, ou propres à la montagne. Au riche vocabulaire de ski, s'ajoute dans les années 1960 le ***monoski***, cette « planche à neige » (*snowboard*) inventé en France en 1961. Dans les stations de montagne où le ski est devenu une industrie touristique, la notion de *domaine skiable*, ainsi dénommée au début des années 1950, est essentielle ; autour de la notion et du mot *piste*, dans ce sens spécial, sont apparus des termes liés à l'établissement et à la gestion de ce domaine. L'entretien des pistes est confié à des professionnels appelés ***pisteurs*** (années 1960), mais les usagers peuvent recourir au ***hors-piste*** (attesté* en 1968). Un élément essentiel des domaines skiables est le *remonte-pente*, appelé familièrement *tire-fesses* (attesté en 1958), mot devenu cocasse grâce à une réforme distraite de l'orthographe proposant d'écrire *tire-fesse*, sans *s*, au singulier. Avec l'anglicisation générale des mots des activités sportives, il fallait bien que la neige devienne *snow*. Mais ce fut de façon trompeuse, avec les *snowparks* (v. 1990), qui ne sont nullement des parcs enneigés, mais des aménagements pour les fantaisies acrobatiques du *freestyle*, encadrées par des « modules » ne connaissant que la langue anglaise : *les hips*, *step-up*, *step-down* sont des tremplins, comme les *quarter-pipes* et *half-pipes* (« demi-tubes »), des dispositifs pour les sauts. L'anglicisme règne aussi, s'agissant du matériel motorisé, avec le *Ski-Doo*® (faute probable pour *Ski-Dog*) du fabricant québécois Bombardier, lancé en 1959. Évitant le nom de marque, on parla de *scooter des neiges*, et, plus respectueux de la langue française, de ***motoneige***, dès 1960 au Canada francophone. Une notion nouvelle, celle-ci exprimée en français, réunit tous les sports individuels où l'on glisse sur la neige, la glace, l'eau, et par analogie (grâce au patin, notion double) sur une surface quelconque, voire dans l'air. C'est *la glisse*. Le mot existait depuis le XVIIIe siècle en français de Suisse, pour « traîneau » ou « luge » ; il a été repris vers 1950 pour qualifier l'aptitude d'un ski à glisser, puis à la fin des années 1970, pour toute activité sportive où l'on glisse. L'expression *sports de glisse* se lit à partir de 1981. Elle s'applique surtout au ski et à tous les sports dérivés, à la luge, au bobsleigh, au patin à glace et à roulettes et aux rollers ; les sports de glisse aquatiques, avec le surf* et les diverses « planches » (*board* en anglais) en font partie.

Chronologie

1960 Émergence du ski acrobatique.
1964 Lancement du premier plan Neige.
1964 Ouverture de la station des Menuires.
1964 Ouverture de la station de Flaine.
1967 Ouverture de la station d'Avoriaz.
1968 Grenoble accueille les Jeux olympiques d'hiver.

« Une équipe de cinq pisteurs fut désignée vendredi pour aménager le départ de la piste et la rendre praticable. »

Le Monde, 22 février 1965.

Décolonisation et indépendance

Après la Seconde Guerre mondiale, les mouvements nationalistes se sont renforcés dans de nombreuses colonies françaises, poussant la métropole à envisager la décolonisation. L'une des étapes les plus significatives a été la déclaration de l'indépendance de l'Algérie en 1962.

Certains mots, sous leur apparente évidence, sont le reflet d'un contexte historique précis. Tel est le cas du verbe ***décoloniser*** et plus encore du substantif* qui en dérive, *décolonisation*. La signification de ces termes semble aller de soi : si *coloniser*, mot apparu en 1790 et traduisant l'anglais *to colonize* (1622) signifie « rendre dépendant d'une métropole un territoire en le peuplant de colons », *décoloniser* décrit le processus inverse, autrement dit « libérer de la colonisation ». Ce verbe apparaît dès 1847 sous la plume d'Henri Fonfrède prédisant la disparition des colonies, mais ce n'est qu'à la fin de la Seconde Guerre mondiale qu'il devient courant en français, pour désigner une réalité qui devient un processus historique majeur après la guerre de 1940-1945. *Décolonisation*, employé lui aussi par Fonfrède en 1836, se répand dans la presse des années 1920 : il est alors presque toujours cité en mention, comme une parole rapportée, attribuée le plus souvent à l'idéologie marxiste, puis léniniste, qui déclare vouloir assurer l'émancipation des peuples colonisés en s'appuyant sur la lutte des masses ouvrières et paysannes.

Alors que le fait de décoloniser concerne les pouvoirs qui furent colonialistes et cessent de l'être, le terme de *décolonisation* s'applique dès son apparition à une entreprise de libération née parmi les peuples opprimés.

C'est à ce titre que l'on peut dire d'un Frantz Fanon qu'il est un des auteurs majeurs de la décolonisation, lui qui préconise également la décolonisation des esprits, la sortie de l'état d'aliénation dans lequel les colonisés ont été maintenus. Le vocabulaire marxiste rencontre ici celui de la psychologie sociale et de la psychanalyse.

Cependant, dans les dictionnaires, la *décolonisation* peut à la fois être décrite comme un « processus par lequel un pays jusque-là colonisé accède à l'indépendance » ou bien comme la « cessation, pour un pays, de l'état de colonie » : la question de savoir si la décolonisation est accordée, octroyée ou conquise, reste sans solution. Autre ambiguïté : la décolonisation est-elle un processus amené à disparaître ou un état de fait ? On constate que les États anciennement colonisés ne revendiquaient pas leur « décolonisation » mais bien leur indépendance, preuve que la décolonisation ne saurait être prise comme une fin en soi. Cette ambivalence n'est peut-être que le reflet d'une situation historique complexe dont le monde contemporain ne parvient pas à s'extraire.

« La France n'a plus de colonies, ce sont les colonies qui ont la France. »

René Fallet, *Paris au mois d'août*, 1964.

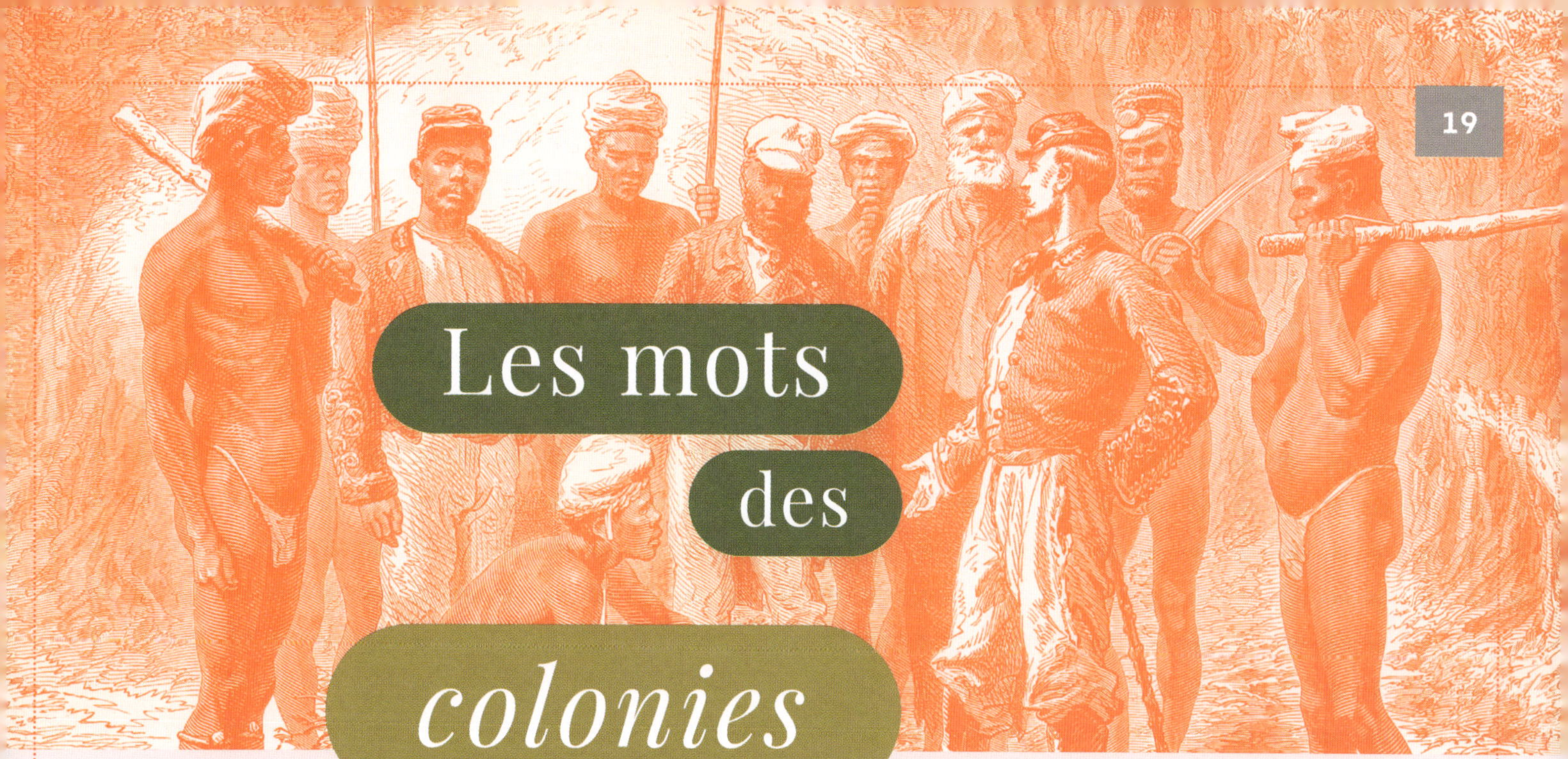

Les mots des *colonies*

FRÉQUENCE DANS L'USAGE DES MOTS *AFRICANISATION, NÉOCOLONIALISME, BARBOUZE, DÉCOLONISER* ET *HARKI*, DE 1940 À 2019**

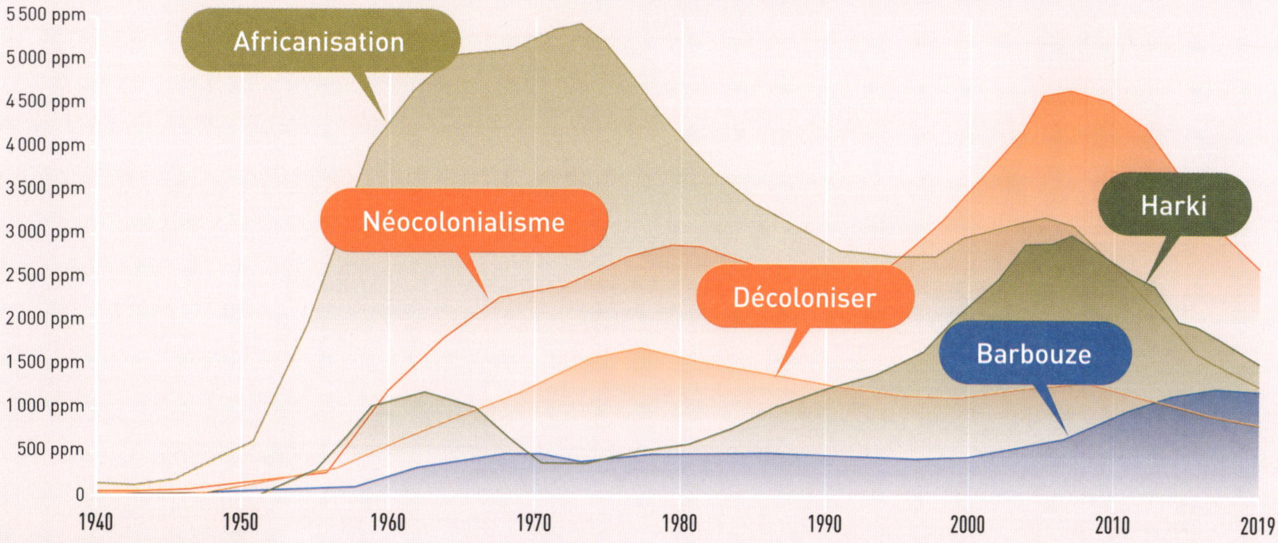

Le terme ***africanisation***, apparu en 1965, s'emploie pour parler du processus qui vise à donner un caractère africain à quelque chose ou à quelqu'un. Dans le contexte de la décolonisation, ce processus s'applique notamment au remplacement des fonctionnaires et cadres européens dans les pays colonisés par des Africains.

Attesté en 1961, le mot ***barbouze*** (formé avec *barbe* et le suffixe* dépréciatif *-ouze*) désigne un agent secret de la police ou d'un service d'espionnage. L'origine du mot est métonymique* : les barbouzes étaient souvent porteurs d'une fausse barbe pour cacher leur identité.

Le verbe ***décoloniser***, qui apparaît en 1965, permet de décrire l'action par laquelle un pays s'émancipe du contrôle du territoire qui l'avait colonisé. A priori, la décolonisation débouche sur l'indépendance.

De l'arabe dialectal *harka* « mouvement », ***harki*** est un mot qui désigne, depuis 1960, un militaire autochtone d'Algérie qui servait dans une milice supplétive aux côtés des Français.

** dans les recherches Google Ngram

Hip hip hip ! Hippie !

Au milieu des années 1960, la vague hippie américaine de ces jeunes gens libertaires et pacifiques rejetant la société de consommation débarque en France. Avec elle, de nombreux mots évoquant ce mouvement apparaissent, dont certains sont, logiquement, d'origine anglo-saxonne.

Répandu en français au milieu des années 1960, le mot ***hippie*** ou ***hippy*** est emprunté à l'anglo-américain, et semble remonter à un argot (*slang*) du début du siècle, *hip* « au courant, dans le coup », comme le mot *hipster*. Bien qu'il soit typique des années 1960-1970, le type de personnage auquel *hippie* fait allusion a marqué toute une époque, et, au moins jusque dans les années 1990, a désigné une personne assez jeune, rejetant les valeurs traditionnelles de la société de consommation, d'abord aux États-Unis et au Canada, puis dans le monde entier. Les hippies ont des mœurs libres, sont antimilitaristes (***make love, not war*** : « Faites l'amour, pas la guerre », s'agissant de la guerre du Viêtnam), pratiquent le communautarisme, méprisent l'argent et les habitudes bourgeoises, prêchent l'amour de la nature (la formule ***Flower Power*** « le pouvoir des fleurs » a eu un certain succès en français ; elle apparut au *Summer of Love* de San Francisco, en 1967), penchent volontiers vers les idéologies religieuses orientales (le bouddhisme, avec le mantra *Hare Krishna*, qui célèbre le nom divin, et désigne les membres d'une secte).

L'idéologie hippie, portée par des personnalités célèbres, comme les chanteurs Bob Dylan et Joan Baez, incarnée par la musique pop et rock, par des happenings, par le festival de Woodstock en 1969, s'est parfois radicalisée. En Europe, le mouvement fut l'une des références des provos des Pays-Bas, des situationnistes français... Après 1975 et la fin de la guerre du Viêtnam, les médias, d'abord aux États-Unis, cessèrent de s'intéresser aux hippies, mais les thèmes majeurs du mouvement (refus de l'autorité et des valeurs dominantes, pacifisme – ***peace and love*** –, communautés, liberté sexuelle, voyages vers des lieux mythifiés, comme le Népal, drogues douces et psychédélisme...) continuèrent de s'exprimer sous des nouvelles étiquettes, comme celle de ***baba cool***. À la différence d'autres modes collectives venues d'Amérique du Nord, les *beatniks*, par exemple, le mouvement hippie, victime de ses radicalisations, a produit des attitudes générales durables, et on en trouve des traces dans des tendances plus récentes, tels les punks. Il a par ailleurs été récupéré et inversé, avec les *yuppies* des États-Unis, mot qui n'a eu aucun succès en français.

Chronologie

1965 Premières grandes manifestations antiguerre aux États-Unis suite à l'envoi des premiers contingents américains au Viêtnam.
1965-1966 Apparition des premières communautés en Californie.
Janvier 1967 Grand rassemblent hippie surnommé « Human Be-In » au Golden Gate Park.
Du 16 au 18 juin 1967 Festival international de musique pop de Monterey.
Été 1967 *Summer of Love* : des milliers de jeunes du monde entier débarquent à San Francisco, pour expérimenter l'amour libre, la spiritualité et les drogues.
Du 15 au 17 août 1969 Festival de Woodstock : un demi-million de personnes assiste à des concerts en plein air.

Ashram

Beatnik

Squatter

Communauté

Freak

Spontanéisme

Flower Power

Trip

Sitar

Gourou

« Le monde des hippies
n'est fait que de liberté et de douceur. »

L'Express, 27 mars 1967

LSD

Marie-jeanne

Marginal

Overdose

Psychédélique

Tout est mini !

Les années 1960 sont une période de bouleversements et d'audace dans le monde de la mode, marquée par l'apparition de styles plus fluides, notamment le raccourcissement des pantalons et des jupes.

Apparu en 1965 dans le vocabulaire spécialisé de la mode féminine en français, ***minijupe*** est composé du préfixe* *mini-* (réduction de *minimum*) et du nom *jupe*. C'est un calque* du mot anglais *miniskirt* apparu au début des années 1960. Mary Quant, la styliste londonienne qui « a coupé les jupes des filles les plus sages », d'après la chanson éponyme* de Laurent Voulzy, l'aurait créé par référence au mot *minicar*, en hommage à sa voiture favorite, la Mini Cooper®. Dans un documentaire qui lui était consacré, Mary Quant déclarait : « la minicar allait parfaitement avec la minijupe ; elle faisait tout ce que l'on voulait, elle avait une allure folle (*looked great*). Elle était optimiste, exubérante, jeune, sexy (*flirty*), elle était juste parfaite (*exactly right*). »
La minijupe dévoile les jambes des jeunes Européennes. À partir de 1965, elle prend du galon grâce au styliste André Courrèges qui en livre une version ultra courte et structurée. Durant cette décennie, la minijupe s'exporte aux quatre coins du monde notamment grâce à la médiatisation de Twiggy, mannequin vedette et égérie du *Swinging London*. Ce petit bout de tissu fait même fureur au Moyen-Orient avant d'être éclipsé par le conservatisme islamique à la fin des années 1970. « Petit, petit, petit, / tout est petit dans notre vie / mini-moke et mini-jupe / mini-moche et Lilliput » chante Jacques Dutronc en 1966. Au cours des années 1980, la productivité du préfixe *mini-* baisse alors que la mini, indémodable, a survécu au pantalon pattes d'eph (pattes d'éléphant) et s'est taillé une place durable dans la garde-robe féminine, jusqu'à un certain âge, cependant.

Chronologie

1961 Le prêt-à-porter se démocratise, Guy Laroche sort sa première collection de prêt-à-porter.

1964 La course à l'espace inspire les créateurs, Courrèges lance sa collection « The Moon Girl » ; en 1965, Pierre Cardin, sa collection « Cosmos » et, en 1966, Paco Rabanne habille les femmes avec des robes en rhodoïd dans sa collection « Manifeste ».

1965 Mary Quant crée la minijupe reprise en France par André Courrèges.

1967 Yves Saint Laurent invente le tailleur-pantalon pour femmes.

1968 La marque Dim® popularise les collants.

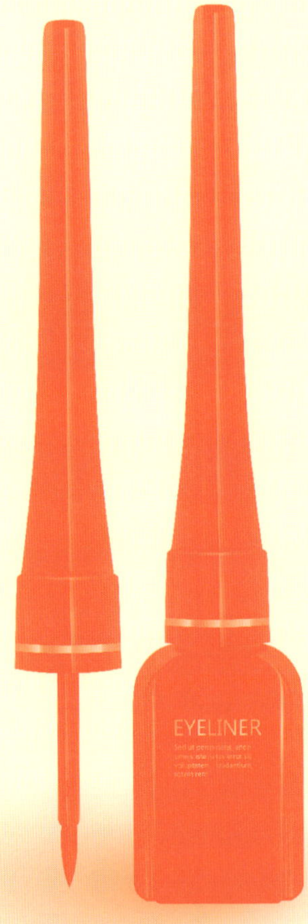

Bermuda

Mot d'origine américaine, qui tire son nom des îles Bermudes (archipel des Caraïbes) et qui désigne un short long, qui arrive au-dessus des genoux.

Boots

Mot anglais qu'on emploie pour dénommer ces chaussures montantes, couvrant les chevilles, et souvent utilisées pour leur style décontracté et leur confort.

Eye-liner

Fard liquide, qu'on utilise pour mettre en valeur le bord des paupières. Formé sur les mots anglais *eye* « œil » et *liner* « qui trace des lignes ».

Lycra®

Nom de marque, qui désigne un tissu synthétique reconnu pour son élasticité et sa souplesse. Il est couramment utilisé dans la confection des tenues d'activités sportives en raison de sa capacité à offrir confort et flexibilité pendant les activités physiques.

Nuisette

Vêtement de nuit, court et léger, souvent confectionné dans un tissu souple comme le satin ou la soie, et arrivant généralement au-dessus du genou. Étymologiquement, formé sur le mot *nuit* au moyen du suffixe diminutif *-ette*.

Pantacourt

Pantalon qui arrive à mi-mollet. Mot-valise résultant de la combinaison de *pantalon* et de *court*, qui joue sur la sonorité de la syllabe finale de « pantalon ».

Patchwork

Mot anglais combinant les éléments *patch* « pièce, morceau » et *work* « travail, ouvrage » et désignant un assemblage de tissus disparates cousus les uns aux autres.

Dire la révolte : Mai 68

Mai 68, un tournant dans l'histoire de la France, un mouvement social d'une ampleur inédite qui défie l'autorité établie. Si son héritage perdure dans la mémoire collective, c'est parce qu'il rappelle la puissance du peuple uni dans sa quête de transformation sociale.

« Sous les pavés, la plage », « Il est interdit d'interdire », « Jouissez sans entraves », « Soyez réalistes, demandez l'impossible » : de nombreux slogans (mot écossais) nés en mai 1968 sont passés à la postérité, comme autant de témoins de cette révolte politique, sociale et culturelle.
Le mot ***contestataire*** a lui aussi fleuri à la faveur de ce printemps marqué par une libération de la parole. Il qualifie, d'abord dans la presse, celles et ceux qui se livrent à un examen critique des institutions et de l'idéologie dominante.
Un étudiant ou une étudiante, un travailleur ou une travailleuse, un prêtre contestataire exprime son refus de s'intégrer dans une norme sociale dominante.
Pour forger ce mot, le français a eu recours à un terme déjà bien implanté dans la langue. En effet, le verbe *contester* est employé depuis le Moyen Âge, alors emprunté au latin juridique *contestari* « commencer un débat judiciaire ». On trouve, à la racine de ce verbe le latin *testis*, qui signifie « témoin » ; *contester*, *attester* ou encore *testament* qui repose sur cette idée de preuve, de déclaration officielle. Par la suite, *contester* a pris le sens de « mettre en doute, en discussion ». Depuis mai 1968, on emploie le verbe de façon absolue, sans complément, pour signifier « mettre en question l'ordre établi ». *Contestataire*, d'ailleurs, rime de manière suggestive avec *protestataire*.
Le ou la contestataire peut, pour manifester son désaccord, se mettre en grève, s'armer d'un mégaphone, diffuser des tracts (on dit au XXIe siècle *tracter*), placarder des affiches ou encore tracer des slogans sur les murs. Si on utilise une « bombe à peinture », apparaît alors le verbe ***bomber*** sous les pavés de Mai 68, tout comme le nom ***bombage***.

« Jusqu'à Mai 68, les révoltes étudiantes, dans les sociétés occidentales, libérales ne contaminaient nullement la société contestée. »

Edgar Morin, *Le Monde*, 5 juin 1968.

Appariteur musclé

L'expression « appariteur musclé » désigne, de façon plaisante, un policier en civil ou un vigile spécialement recruté pour faire régner l'ordre et la sécurité au sein d'un campus universitaire. Étymologiquement, *appariteur* remonte au latin *apparitor* (« huissier attaché au service d'un magistrat ») et *musclé* (emprunté au latin *musculus*, à l'origine « petite souris », puis, par extension, « muscle »).

Facho

Employé comme nom et adjectif, attesté* vers 1968, *facho* est un dérivé familier de *fasciste* prononcé avec le *ch-* de l'italien. Dans la plupart de ses usages, il ne désigne plus un partisan de la doctrine mussolinienne et, plus encore que les mots « fasciste » et « fascisme », il englobe les partisans des courants d'extrême droite qui s'épanouissent dans ce que les médias appellent aujourd'hui la « fachosphère », sur Internet.

Faf

Le terme *faf*, acronyme* du slogan « (la) France aux Français » de l'Œuvre française (mouvement politique français d'extrême droite, fondé en 1968), s'utilise dans un contexte politique pour désigner les fachos ou les personnes d'extrême droite. Ces personnes peuvent le revendiquer comme un marqueur d'identité ou une forme de réappropriation du terme, tandis que leurs adversaires peuvent l'utiliser de manière péjorative pour dénoncer des idées ou des comportements considérés comme fascistes, racistes ou autoritaires.

Graffiter

L'acte d'écrire son opinion ou de laisser des inscriptions sur les murs remonte aux civilisations antiques. Les murs des villes étaient alors utilisés comme des supports d'expression. Le mot *graffiti*, emprunté à l'italien (pluriel de *graffito*), est utilisé pour décrire ces inscriptions, qu'elles soient historiques, artistiques ou simplement des marques personnelles. Quant au verbe *graffiter*, dérivé sur *graffiti*, il apparaît en 1968, pour dénommer l'action de tracer des graffitis sur une surface, quelle qu'elle soit.

Révolution domestique

L'invention de nombreux appareils électroménagers, symboles de modernité, révolutionne les modes de vie à l'intérieur des foyers en transformant durablement les pratiques domestiques et culturelles.

Lave-vaisselle

Symbole de l'équipement domestique d'après la Seconde Guerre mondiale, la machine à laver le linge automatique, qui avait fait son apparition en France à la Foire de Paris en 1930, se répand dans les foyers au cours des années 1960, améliorant la vie des femmes désormais libérées du temps qu'elles devaient consacrer à la lessive. Malgré l'apparition du composé* *lave-linge* dès 1925 (devenu usuel en 1970), c'est l'expression ***machine à laver*** qui s'impose en France pour désigner ce nouvel équipement – le fait que le mot *linge* soit sous-entendu témoigne peut-être du caractère indispensable de l'objet. Pour l'appareil équivalent qui permet de laver la vaisselle, le composé ***lave-vaisselle*** (1969) prend en revanche le pas sur *machine à laver la vaisselle*. Avec le réfrigérateur, lave-linge et lave-vaisselle constituent le trio gagnant de l'électroménager émancipateur de la condition féminine.

Tupperware®

Symbole de la société de consommation, le Tupperware®, boîte de conservation en plastique au couvercle hermétique, fut inventé aux États-Unis en 1946 par le chimiste Earl Tupper qui assura sa réussite grâce à une méthode révolutionnaire : miser sur ses utilisatrices pour en faire la promotion par des ventes organisées à leur domicile, moyennant une commission. Le succès fut tel que le produit (à la fois le nom et le concept de réunion vente, qualifiée de « réunion Tupperware® ») s'exporta dans les années 1960. Le nom du matériel était composé du nom du fondateur et de *ware*, « article », le *hardware* étant la quincaillerie. Il est déposé en 1974 et, malgré l'opposition de Tupper, est employé couramment pour désigner tout contenant en plastique. Ultime avatar, on le voit francisé en *tupéroire*.

Magnétoscope

Voilà l'un des mots-clés de cette ère passée : *magnétique* est un adjectif emprunté en 1617 au bas latin *magneticus* « relatif à l'aimant », dérivé de *magnes*, dans *magnes lapis* « pierre aimantée ». Au XVIIIe siècle, *magnétisme* et *magnétique* entrent en relation avec les théories du fluide universel de Mesmer. On parle alors de *magnétisme animal*, de *fluide magnétique* et même si ces théories sont discutées, *magnétisme* a conservé le sens figuré de « charme fascinant ». L'élément *magnéto-*, tiré lui aussi du grec *magnês*, a servi à former plusieurs mots savants. Ces composés* relèvent de trois registres : le magnétisme animal, l'évolution des idées de la physique au XIXe siècle sur l'électromagnétisme, et les appareils techniques. C'est dans ce dernier registre qu'on utilise cet élément pour créer *magnétophone* et *magnétocassette* qui concurrencent l'anglais *tape-recorder*. Quant à *magnétoscope*, d'abord créé pour désigner un appareil mesurant le magnétisme, il a été recréé en français du Canada en 1961, éliminant alors son concurrent, *vidéographe*.

FRÉQUENCE DANS L'USAGE DES MOTS *MAGNÉTOSCOPE*, *LAVE-VAISSELLE* ET *TUPPERWARE*®, DE 1950 À 2019**

En juillet 2016, le dernier fabricant de magnétoscopes à cassette VHS annonce la fin de la fabrication du dernier modèle existant. Le mot reste encore employé, mais devrait sortir de l'usage d'ici quelques décennies.

Malgré l'opposition du propriétaire de la marque, le mot *Tupperware*® est passé dans le langage commun et désigne dorénavant toute boîte en plastique permettant de conserver des aliments, et ce peu importe la marque de celle-ci. En linguistique, ce processus porte le nom d'antonomase*.

Les premiers lave-vaisselles sont commercialisés à la fin des années 1960, mais ne deviennent un équipement courant que dans les années 1980.

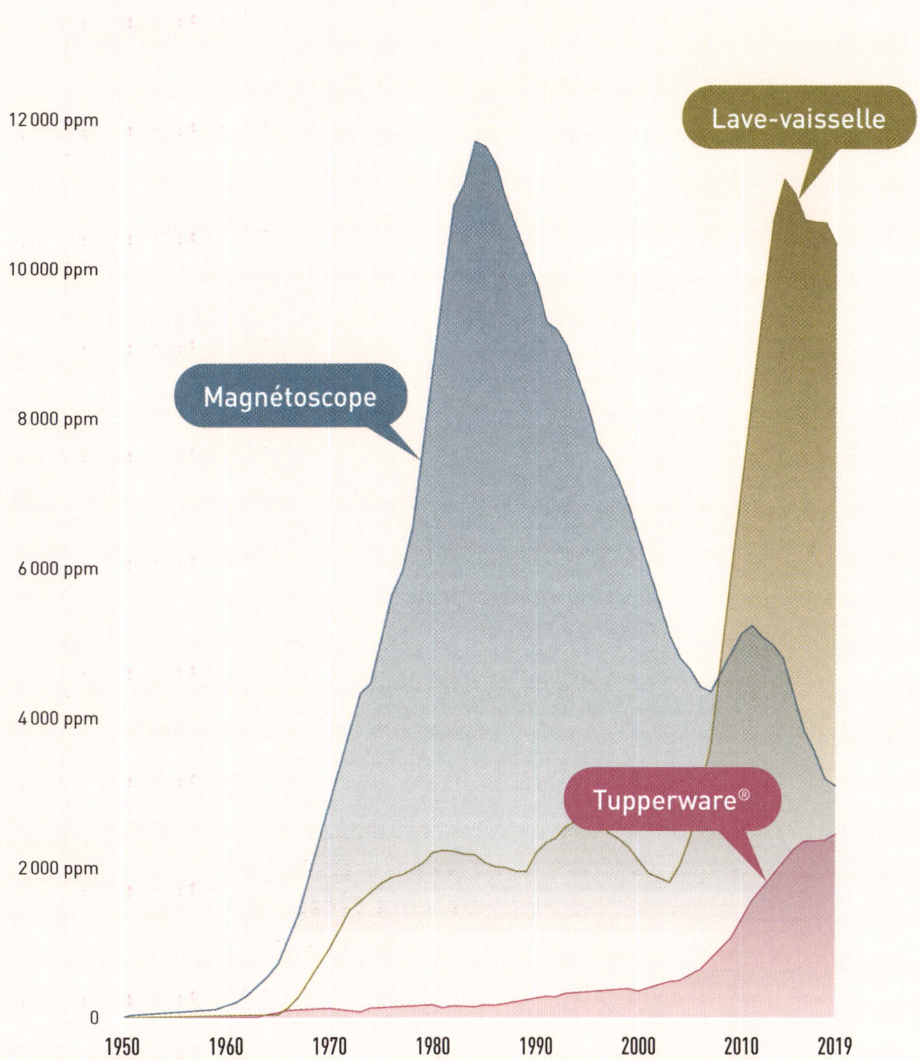

** dans les recherches Google Ngram

Juillettistes ou aoûtiens ?

L'instauration d'une quatrième semaine de congés payés en 1968 contribue à la popularité croissante des départs en vacances des Français. Ils devront alors faire un choix crucial au cœur des conversations familiales : juillet ou août ?

Rendons d'abord à César ce qui est à César : le mois de juillet, qui est le sien. Le nom *juillet* est en effet issu de *julius* (*mensis*), soit le mois de Jules. C'est le nom que Marc Antoine avait attribué, en l'honneur de Jules César, au cinquième mois de l'année (auparavant dénommé *quintilis*, « le cinquième »). L'année romaine commençait au mois de mars, selon le calendrier lunaire maintenu, précisément, jusqu'à César (en 45 av. J.-C. est adopté le calendrier julien). Le mois d'août, quant à lui, est celui d'Auguste : *augustus* (*mensis*).
Le terme familier ***juillettiste***, désignant en France une personne qui prend ses congés au mois de juillet, n'apparaît qu'en 1969, après le terme ***aoûtien***, attesté* au début des années 1960. Les deux termes sont emblématiques de la société française des Trente Glorieuses, ces décennies d'expansion économique et d'élévation du niveau de vie moyen.
Plus aisés, et ayant conquis deux semaines de congés payés avec le Front populaire en 1936, puis trois après la guerre, en 1956, et enfin quatre en 1969, ouvriers et employés profitent de l'été pour prendre des vacances. Les bords de mer, surtout ceux de la Méditerranée, deviennent le symbole des séjours de repos ensoleillé, le camping se développe, le mythe de Saint-Tropez fait rêver. L'école est aussi touchée par cette évolution. Dans *Je me souviens*, Georges Perec écrit cette phrase, qui laissera probablement songeur plus d'un élève d'aujourd'hui : « Je me souviens quand on revenait de vacances, le 1er septembre, et qu'il y avait encore un mois entier sans école ». Ne rêvez pas trop, jeunes gens ! De 1939 à 1960, les congés estivaux s'étendent bien du 15 juillet au 30 septembre, afin de libérer les bras des adolescents pour les travaux agricoles et les vendanges, dans une France encore largement rurale. Mais les autres congés sont réduits ! Dès 1960-1961, le calendrier scolaire s'adapte aux changements d'habitude des salariés, qui partent de plus en plus souvent pendant la première quinzaine de juillet : on quitte les bancs de l'école fin juin, on y revient mi-septembre, et bientôt début septembre.
Les dates des « grandes vacances », devenues « vacances d'été », se déplacent peu depuis lors, malgré les problèmes que posent le fameux chassé-croisé des juillettistes et des aoûtiens… L'échec des tentatives pour « étaler » les vacances d'été, concentrées surtout entre la mi-juillet et la mi-août, a entraîné la désuétude de ces deux mots, évocateurs d'une société des loisirs dont l'image s'est éloignée.

Chronologie

Mai 1959 Air France commande ses premières Caravelle. Le trafic aérien va être multiplié par deux en dix ans.
1961 La bientôt mythique 4L, première traction avant de tourisme, voit le jour.
1964 Création de la Fédération française de surf riding.
1964 43 % des Français partent au moins une fois par an pour 4 nuitées. Dix ans plus tard, ce chiffre passe à 51 %.
1967 Création de l'agence de voyages Nouvelles Frontières.

« Toujours d'après eux [les gendarmes], l'automobiliste français qui part en vacances n'a qu'un but : c'est de rejoindre sans s'arrêter la mer. »

Le Figaro littéraire, 15 juillet 1965.

Yeah yeah yeah !

À partir des années 1950, et plus particulièrement dans la décennie suivante, la musique dite populaire, de masse, a le vent en poupe, sous l'influence nord-américaine. Des yéyés à la pop, les styles musicaux comme les progrès technologiques apportent leur lot de mots nouveaux dans la langue française.

L'Europe francophone des années 1960 voit surgir une nouvelle génération de chanteurs désignée par l'appellation ***yéyé*** (ou ***yé-yé***). Inventée par le philosophe Edgar Morin en 1962, cette dernière est la francisation des onomatopées* anglo-américaines « *yeah* », omniprésentes dans les chansons de cette époque. Le succès des yéyés traduit les velléités de la jeunesse à disposer de sa propre culture, notamment musicale. Johnny Hallyday, Claude François, Françoise Hardy ou Sheila sont en France les idoles de ces années, qui revisitent à leur sauce le twist et le rock (respectivement « tordre » et « balancer » en français) apparus peu de temps avant outre-Atlantique. Mais alors que le twist, lancé par Chubby Checker (*Let's Twist Again*), reste cantonné à la décennie 1960, le rock (and roll), « balancer ou tanguer et rouler » devient la base à laquelle se réfère la quasi-totalité des genres musicaux qui suivront. La musique folk renaît grâce notamment à Bob Dylan ou Joan Baez qui lui redonnent ses lettres de noblesse. Le folk (de l'anglais *folk song*, « chanson populaire » au sens nord-américain) privilégie des textes ciselés, plus intimistes et servis par une orchestration acoustique. Dans un autre style, la soul music, musique vocale des Afro-Américains, réussit la fusion entre le blues, chanson profane du sud des États-Unis, élément structurel essentiel du jazz, le gospel, autrefois appelé aussi en français *negro spiritual*, le jazz et le rhythm and blues – autant de genres typiques de la musique afro-américaine. Le terme anglais *soul*, qui signifie « âme » apparaît à la fin des années 1950 dans un album de Ray Charles et est attesté* en France à partir de 1962. En produit de la culture de masse, la musique pop, conçue, comme son nom l'indique, pour plaire au plus grand nombre (abréviation de l'anglais *popular*), puise à toutes les sources pour proposer un mélange facile à écouter, agréable et entraînant. L'étiquette ***pop***, en musique, est si malléable qu'elle fonctionne encore alors que nombre de styles musicaux et d'objets culturels sont ainsi qualifiés. L'influence écrasante de la musique anglo-saxonne* n'empêche pourtant pas l'incursion de courants venus d'ailleurs, au premier rang desquels, à cette époque, la bossa-nova brésilienne, musique de danse croisant jazz et samba. Cette « nouvelle vague » (traduction littérale du portugais brésilien) déferle sur la France en 1962, avec *A Garota de Ipanema*, premier tube du genre. D'autres métissages, comme celui du jazz de style bop et de la musique cubaine, auront aussi un succès international.

Quelques adaptations célèbres

1962 *J'entends siffler le train* de Richard Anthony
1962 *Le Loco-motion* de Danny Boy et ses Pénitents et Sylvie Vartan
1962 *Le Petit Gonzales* de Dalida
1962 *Est-ce que tu le sais ?* des Chats sauvages
1963 *Si j'avais un marteau* de Claude François
1964 *Le Pénitencier* de Johnny Hallyday

Cassette

Boîtier, de petite taille, muni de bobines de bande magnétique défilant dans les deux sens.

Copain

Ami proche, camarade, complice, avec une connotation positive et amicale. Terme présent dans de nombreuses chansons, et dans le titre d'une émission de radio et d'un magazine célèbre, Salut les copains !

Croulant

Participe présent de *crouler* qui désigne une personne qui n'est plus jeune, du point de vue des adolescents. Les yéyés, souvent rebelles, rejetaient les valeurs traditionnelles de leurs parents.

Disc-jockey

Personne qui présente à la radio ou dans une discothèque les disques de variétés, de jazz, etc. Aujourd'hui, on utilise plutôt l'abréviation « DJ ».

Discothèque

Lieu de réunion où l'on peut danser au son d'une musique enregistrée (généralement moderne).

Fanzine

Petite revue de dessins, de bandes dessinées, de science-fiction, rédigée par des amateurs.

Jerk

Danse à la mode dans les années 1960 qui consiste à imprimer des secousses rythmées à tout le corps (tête et bras compris), comme si on entrait en transe.

Musique pop

Se dit d'une forme de musique populaire issue de divers genres, très prisée dans les pays anglo-saxons* (formes de jazz, folksong, rock'n'roll).

Sono

Sonorisation ; ensemble des appareils destinés à diffuser la musique ou la parole dans un lieu public.

Un monde plus vert

Cette décennie est le point de départ d'une prise de conscience écologique, marquée par la première marée noire de l'histoire avec le naufrage du Torrey Canyon en 1967. Plusieurs associations voient le jour avec la fondation du Sierra Club aux États-Unis ou du WWF au Royaume-Uni.

Sur le plan linguistique, les années 1960 sont marquées par l'apparition de mots formés avec des préfixes* caractéristiques. Ils sont les témoins de la prise de conscience de nos ressources limitées et de la nécessité de réduire notre impact sur l'environnement. Le préfixe ***bio-***, du grec *bios*, « vie », sert à former de nombreux termes scientifiques, à l'instar de ***bioclimatologie*** en 1960 (étude des relations entre le climat et les organismes vivants), ***biodégradable*** (qui peut être décomposé par des organismes vivants en substances plus simples) et ***biomasse*** en 1966 (masse totale des organismes vivants dans un écosystème ou la matière organique utilisée comme source d'énergie) et ***biodégradation*** en 1962 (processus par lequel des substances organiques sont décomposées par des micro-organismes).
Ces termes illustrent l'importance de la biodiversité et des interactions entre les organismes vivants et leur environnement. Le préfixe *éco-*, du grec *oikos*, qui signifie « maison » ou « habitat », a donné naissance à des mots comme *écologie* (où l'élément *-logie*, du grec *logos*, signifie « connaissance, raison ») et ses dérivés (*écologistes*, *écologique*). Attestés* dès les années 1930, ces mots demeurent employés uniquement pour désigner des domaines de la biologie. Ils ne passent dans le langage courant qu'à la fin des années 1960. Le terme ***écosystème*** (unité écologique de base, formée par le milieu et les organismes animaux et végétaux qui y vivent) apparaît quant à lui en 1962, et la forme *écolo*, apocope* d'*écologiste*, est attesté pour la première fois en 1970.
Le préfixe *re-*, du latin *re(d)-*, de même sens, indique une idée de réitération et/ou de retour à un état antérieur, avec notamment les termes *recyclage* en 1956 (nouveau traitement, nouveau passage dans un cycle d'opérations), *recycler* en 1959 (action de recycler), ***réutilisation*** en 1960 (nouvelle utilisation), ***rechargeable*** en 1964 (susceptible de recevoir une recharge) ou encore *retraitement* en 1973. De telles créations reflètent une volonté de répéter ou de retourner à des pratiques qui préservent les ressources naturelles et réduisent les déchets.

Chronologie

1960 La loi du 22 juillet 1960 sur les parcs nationaux est votée en France.
1962 Publication de *Printemps silencieux* de Rachel Carson sur les effets du DDT sur l'environnement.
4-13 septembre 1968 Colloque à l'Unesco sur l'utilisation et la conservation de la biosphère.

« Pour la première fois dans l'histoire de l'humanité, tout être humain est désormais soumis au contact de produits chimiques dangereux, de la conception jusqu'à la mort. »

Rachel Carson,
Printemps silencieux, 1962.

Au bonheur de la consommation

La seconde moitié du XIXe siècle a vu émerger les grands magasins parisiens, révolutionnant le commerce. Avec les Trente Glorieuses, la société de consommation prend son envol. Le passage du format « supermarché » à celui d'« hypermarché » témoigne de l'essor de nouveaux concepts de distribution et de consommation.

Les grands magasins parisiens ont été l'une des révolutions commerciales de la seconde moitié du XIXe siècle. Zola en a donné la description dans *Au Bonheur des dames* (1883). Les hypermarchés, quant à eux, sont les symboles majeurs de la société de consommation qui naît dans les années 1950 et s'épanouit dans les décennies suivantes. Non sans ironie, le sociologue Jean Baudrillard écrit, en 1970 : « Nos marchés, nos artères commerciales, nos Superprisunic miment [...] une nature retrouvée, prodigieusement féconde : ce sont nos vallées de Canaan où coulent, en fait de lait et de miel, les flots du néon sur le ketchup et le plastique, mais qu'importe ! L'espérance violente qu'il y en ait non pas assez, mais trop, et trop pour tout le monde, est là [...] » (*La Société de consommation. Ses mythes, ses structures*, Gallimard).

Avec les Trente Glorieuses s'ouvre la course au gigantisme mercantile. La terminologie est précise ou devrait l'être : la supérette (terme emprunté à l'américain vers 1959) est un magasin d'alimentation en libre-service d'une superficie comprise entre 120 et 400 m² ; le **supermarché**, un vaste magasin de 400 à 2 500 m² ; l'**hypermarché** est plus vaste encore, comme l'indique le préfixe* d'origine grecque *hyper-*, qui exprime le plus haut degré, l'excès. Un commerçant facétieux a intitulé *hypomarché* son petit magasin d'alimentation en libre-service.

Les *grandes surfaces*, expression spécialisée en commerce au cours des années 1960, jaillissent à un rythme impressionnant. La première d'Europe, appelée le « Super Bazar », ouvre ses portes près de Bruxelles en 1961. La même année, G. Mulliez créé sous la marque « Auchan » le premier magasin en libre-service en France, à Roubaix.

Chronologie

1962 Ouverture du supermarché Promodès à Mantes-la-Ville.

1963 Ouverture du premier Carrefour® à Sainte-Geneviève-des-Bois.

1969 Ouverture du centre commercial Parly 2, avec 150 boutiques sur 56 000 m².

« Cent treize supermarchés se sont ouverts en France en 1967, ce qui porte à huit cent vingt et un le nombre total de ces magasins. »

Le Monde, 28 décembre 1967.

Hyper ou Super?

Le mot *supérette* est attesté* dès 1959, un an avant *supermarché*, terme qu'on retrouve pour la première fois dans les textes en 1960. Quant au mot *hypermarché*, il apparaît pour la première fois dix ans plus tard, en 1969. Techniquement, bien que ces trois termes désignent des espaces commerciaux de surfaces différentes, on utilise surtout dans la langue courante le « supermarché ».

Dans le jargon des industriels, on utilise encore souvent les formes apocopées « super » et « hyper » pour désigner ces espaces. On peut ainsi lire dans la presse que les supers et hypers n'ont plus vraiment la cote auprès du grand public.

Enfin, pour ce qui est du concept de « centre commercial » (expression ancienne qui se spécialise dans ce contexte à la même époque), regroupant autour d'une « grande surface » un ensemble de magasins de détail et divers services, testé dès 1965, il est appliqué en 1969 près de Versailles avec Parly 2.

FRÉQUENCE DANS L'USAGE DES MOTS *SUPERMARCHÉ*, *CENTRE COMMERCIAL*, *SUPÉRETTE*, *GRANDES SURFACES* ET *HYPERMARCHÉ*, DE 1940 À 2019**

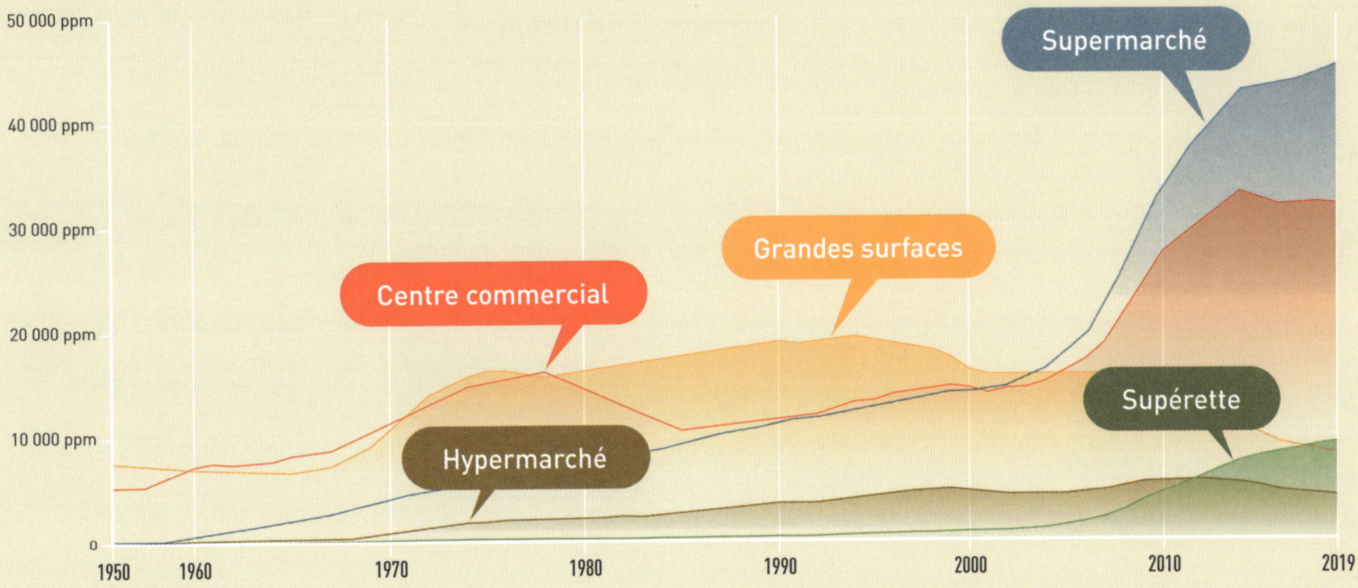

** dans les recherches Google Ngram

Qui décrochera la Lune ?

La guerre froide entre les États-Unis et l'URSS a pris la forme, dans les années 1950-1960, d'une véritable « guerre des étoiles » : la conquête de l'espace, mot qui prend alors un sens très spécial et technique, a constitué l'enjeu stratégique, scientifique et d'abord techno-industriel de la rivalité entre les deux superpuissances.

La langue française garde la trace de cette compétition. À côté du mot *astronaute*, attesté* dès 1928, le français a intégré, sous l'influence de la langue russe, ***cosmonaute***, apparu en 1961. Ces deux composés* concurrents désignent les aventuriers modernes qui ont été propulsés hors de l'atmosphère terrestre, mais le second ne s'emploie qu'à propos des navigateurs de l'espace soviétiques, tel Youri Gagarine, premier être humain à pénétrer dans ce cosmos très réduit par rapport à son acception par la philosophie grecque, qui a fourni le mot (la fusée Semiorka décolle le 12 avril 1961), alors que le premier s'emploie pour les autres, dans la réalité concrète d'abord états-unienne, tels Neil Armstrong, Michael Collins et Buzz Aldrin, les trois astronautes de la mission Apollo 11 qui ont pour la première fois foulé le sol lunaire, en juillet 1969.

Les développements techniques de l'aéronautique et de l'aviation s'étaient accélérés à partir des années 1950-1960, faisant naître de nouvelles spécialités scientifiques à l'intérieur de l'astronomie, avec *astrophysicien, ienne* (vers 1954), dérivé d'*astrophysique* (début du XXe siècle), et surtout l'adjectif ***aérospatial*** (vers 1960). À la même époque, apparaît le terme ***spationaute***, « membre de l'équipage d'un engin spatial », qui aujourd'hui tend à recouvrir des usages spécifiques, soit par opposition à *astronaute* (l'astronaute voyage vers un astre, le spationaute travaille et circule dans l'espace) soit pour renvoyer au concept d'« espace » dans un vocabulaire francophone.

Mais l'espace, désormais, est ouvert à diverses nations techniquement avancées et donc présent dans diverses langues. C'est ainsi qu'on a formé en *naute*, et en français, un *taïkonaute*, pour désigner, à partir du chinois *tàikōngrén*, « homme du grand vide », le pilote ou le passager d'un véhicule spatial. Les Chinois eux-mêmes n'emploient guère ce terme, lui préférant un autre mot signifiant littéralement « navigateur de l'univers »... On a aussi proposé *vyomanaute*, dans le cas d'un astronaute indien, encore un hybride en *naute*, dérivé du sanskrit (et hindi) *vyona* « le ciel ». La liste des *-nautes* est ouverte.

Chronologie

4 octobre 1957 Spoutnik, le premier satellite artificiel, est lancé en orbite par l'URSS.

17 février 1959 Les Américains lancent le premier satellite météorologique puis, le 5 juillet 1960, le premier satellite de reconnaissance.

12 avril 1961 Youri Gagarine réalise le premier vol spatial humain à bord d'un satellite placé en orbite autour de la Terre, suivi, le 16 juin 1963, par Valentina Terechkova.

21 juillet 1969 Neil Armstrong et Edwin Aldrin foulent le sol lunaire.

« Voici venu le moment [...] pour notre nation de prendre ouvertement la première place dans l'exploration de l'espace, qui, de bien des manières, recèle sans doute la clé de notre avenir sur terre. »

John Fitzgerald Kennedy devant le Congrès, le 25 mai 1961.

70 Les années

Les années 1970 ont été marquées par des transformations sociales et culturelles profondes, qui ont enrichi le lexique français de nombreux nouveaux termes. Le mot ***cool*** et l'utilisation du **verlan*** deviennent des symboles de liberté et d'attitude décontractée, qui riment avec les désirs d'évasion que permet le **camping-car**, tandis que le **disco** fusionne musique, danse et mode en une tendance vibrante. Dans le domaine de la technologie, les **ultrasons** et l'**IRM** transforment les diagnostics, en lien avec l'invention du **microprocesseur**. La médecine alternative gagne en popularité avec des pratiques telles que la **sophrologie** et l'**aromathérapie**, inspirées par des philosophies orientales, notamment du Japon et de l'Inde. L'engouement pour la **culture japonaise** se manifeste également par l'intégration de termes comme *sushi*, *bonsaï* et *yakitori*. L'intérêt pour les **ovnis** reflète la fascination pour l'inconnu, tandis que des sports comme le **roller** et la **planche à voile** captivent le public. Le féminisme progresse, comme le rappelle l'introduction de termes tels que ***machisme*** et ***phallocratie***, qui permettent de mettre le doigt sur les inégalités de genre. Des mots comme ***addiction*** et ***junkies*** illustrent, quant à eux, les défis de la dépendance aux drogues. Enfin, le reflet des tensions géopolitiques qui ont animé cette décennie tumultueuse se retrouve dans des termes comme ***ayatollah*** et ***sans-papiers***.

Un monde bouleversé et divisé

Cette décennie est marquée par des bouleversements politiques et sociaux majeurs. De nouveaux termes émergent pour décrire les événements et les phénomènes géopolitiques emblématiques de cette sombre époque.

Dans les années 1970, les tensions entre l'Orient et l'Occident sont à leur paroxysme, avec en filigrane la guerre froide entre les États-Unis et l'Union soviétique.
Certains *ayatollahs* (mot emprunté à l'arabe dans les années 1960, mais qui se répand dans les années 1980 de l'***hégémonisme*** (domination politique, économique ou culturelle d'une nation sur d'autres) prennent des décisions qui changent le cours de l'histoire.
La crise des ***boat people*** (expression apparue en 1979, peut-être déjà employée dès 1975) est emblématique de la tragédie humaine qui touche les réfugiés vietnamiens. Fuyant le régime communiste au Viêtnam à la fin de la guerre en 1975, ils entreprennent des voyages périlleux sur des bateaux surchargés, afin de trouver refuge dans d'autres pays, principalement en Asie du Sud-Est.
Au même moment, en France, le mot « **sans-papier** » se répand, et rejoint la liste des mots construits avec la préposition *sans-* (*sans-abri*, *sans-emploi*, *sans domicile fixe*, etc.)
Dans ce contexte de guerre et de conflits, plusieurs armes de destruction massive sont mises au point. C'est le cas, en 1970 du ***MIRV***, sigle anglais qui signifie *Multiple Independently Targetable Reentry Vehicle* et désigne le dernier étage d'un missile comprenant plusieurs têtes nucléaires, et du ***lance-missile*** en 1971, ce dispositif militaire destiné à lancer des projectiles autopropulsés. Ces deux nouveaux mots témoignent de la montée en puissance de la crise qui oppose les États-Unis à l'Union soviétique, tout comme l'***euromissile*** (1979), missile nucléaire de moyenne portée basé, comme son nom l'indique, en Europe.
De leur côté, les Russes mettent au point un fusil d'assaut qui va se vendre à des millions d'exemplaires dans le monde entier : la ***kalachnikov*** (en 1972), du nom de son inventeur, Mikhaïl Kalachnikov.

Chronologie

1973 La guerre du Kippour éclate le 6 octobre et dure 19 jours.
1975 La chute de Saïgon met un terme à la guerre du Viêtnam.
1975 Les Khmers rouges s'emparent du pouvoir au Cambodge ; départ de crimes de masse des opposants à ce pouvoir, aux minorités ethniques ou aux croyants.
1975 Début de la guerre civile libanaise.
1979 L'armée soviétique envahit l'Afghanistan, marquant le début d'une guerre de dix ans.

« Les “sans-papiers” : la face cachée de l'immigration. »

Libération, une du 13 décembre 1975.

Conscientiser

Verbe formé en 1977 sur le mot *conscient*. Il s'emploie pour décrire l'action de faire prendre conscience à quelqu'un d'un problème, d'une situation ou d'une réalité particulière, notamment de nature politique.

Ethnocide

Mot formé dans les années 1970 sur le modèle de *génocide* (où l'élément *-cide* est à raccrocher au latin *caedere*, qui veut dire « tuer » ; *genos* signifiant « race » en grec, alors qu'*ethnos* signifie « peuple » dans cette même langue). Il sert à renvoyer à l'anéantissement d'un groupe ethnique et de sa civilisation.

Mollarchie

Mot formé à partir de l'arabe *mollah* (désignant un chef religieux) et de l'élément *archi-* (emprunté au grec *arkhê* « commandement »). Il apparaît en 1970 dans le discours journalistique pour désigner un gouvernement dirigé par des mollahs.

Wargame

Mot anglais (combinaison de *war*, « guerre » et *game*, « jeu ») attesté* en français dès 1977, qui permet de nommer un jeu de simulation d'un conflit armé.

Images classées X

Le développement de techniques d'imagerie médicale révolutionnaires redéfinit la façon dont les professionnels de la santé diagnostiquent les maladies. Des principes tels que les ultrasons ou les rayons X permettent de nouvelles explorations du corps.

Les avancées médicales des dernières décennies ont apporté de nouveaux outils et techniques d'exploration essentiels à la médecine moderne. Parmi les plus significatifs, on peut citer notamment l'**ECBU**. Apparu en 1977, le sigle est utilisé comme raccourci pour parler d'un examen cytobactériologique des urines (avec *cyto-*, du grec *kutos* « cavité, cellule » et *bactériologique* « relatif à l'examen des bactéries »), qui vise à détecter la présence éventuelle de bactéries.

Autre invention révolutionnaire : l'**échographie**. Cette méthode d'exploration médicale développée au début des années 1970 utilise la réflexion des ultrasons par les structures organiques. Sur le plan historique, le terme est attesté* depuis le début du XXe siècle pour décrire un trouble psychiatrique : une défaillance de l'attention entraînant une répétition anormale des mots lors de la transcription d'un texte. Dans l'acception médicale comme psychiatrique, la base* *écho-* fait référence à la réflexion du son par un obstacle qui le répercute, alors que l'élément *-graphie* signale un procédé d'enregistrement.

L'**IRM**, « imagerie par résonance magnétique », est une technique permettant d'obtenir des images anatomiques d'une grande précision car elle exploite les phénomènes de résonance magnétique nucléaire (RMN). Son utilisation s'est largement répandue en neurologie depuis son apparition au tout début des années 1970, avec les premiers appareils installés en France dans la décennie suivante.

Enfin, témoins de ces grandes avancées scientifiques, on peut citer les éléments *-scope* et *-scopie*, du grec *-skopos* et *-skopia* – deux formes qui se rattachent au verbe *skopein* « examiner, observer » – qui servent à former des mots dénommant des instruments ou des techniques d'observation. On les retrouve dans des mots comme ***fibroscopie*** (1970), soit un examen réalisé à l'aide d'un **fibroscope** (endoscope souple composé de fibres de verre transmettant la lumière, et offrant ainsi la possibilité d'explorer en profondeur les cavités internes de l'organisme). C'est le cas également des mots ***arthroscopie*** (1970), où la base *arthro-* désigne une articulation (tout comme le grec *arthron*, auquel il a été emprunté), ou encore ***coloscopie*** (1974), formé sur une adaptation du grec *kôlon* « colon ».

Chronologie

1974 Premières échographies obstétricales à la maternité de Port-Royal, à Paris.

1975 Premier scanner en France.

1977 Mise au point de l'IRM.

1979 G. N. Hounsfield et A. Cormack reçoivent le prix Nobel de médecine pour la mise au point du scanner en 1972.

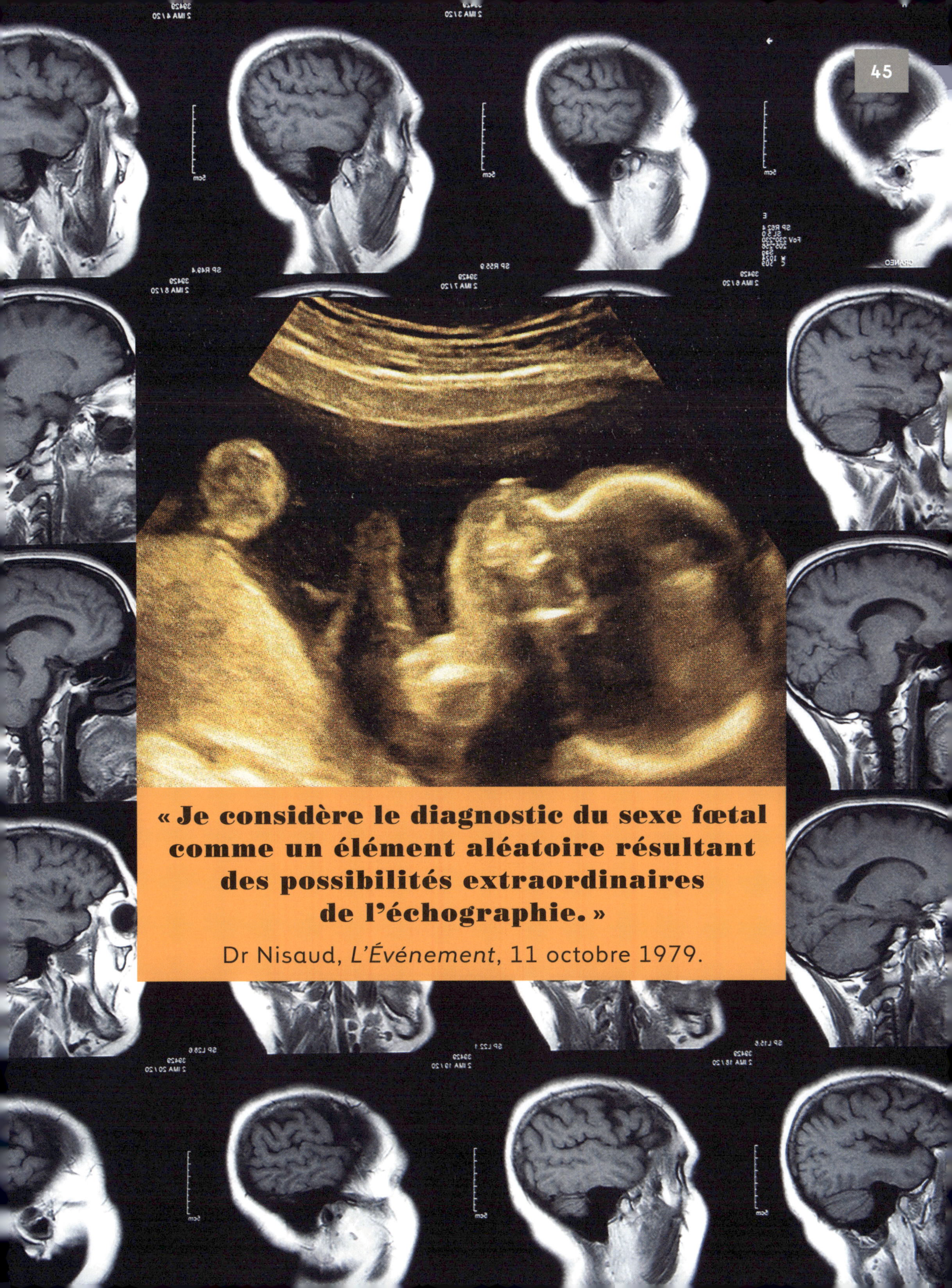

« Je considère le diagnostic du sexe fœtal comme un élément aléatoire résultant des possibilités extraordinaires de l'échographie. »

Dr Nisaud, *L'Événement*, 11 octobre 1979.

Japonmania

L'engouement croissant pour la culture, la cuisine et les pratiques traditionnelles japonaises à l'échelle mondiale se font sentir en France dès les années 1970. L'introduction de nouveaux mots dans la langue française en est le témoignage.

Malgré l'éloignement, de nombreux aspects de la culture japonaise hantent depuis plus d'un siècle les pratiques et les imaginaires francophones. C'est le cas de l'art de plier le papier ou ***origami*** (*ori*, « plier » et *kami*, « papier ») que la langue française a adopté. En français, le mot, homonyme du latin (et occitan) *origami* « origan », entretient peut-être un rapport secret avec le déploiement de la plante. Il apparaît, comme équivalent de *pliage*, dans le nom d'une collection créée par Fernand Nathan en 1957 et se répand après 1970 pour l'« art du pliage du papier ».
Depuis longtemps, des œuvres ou des jeux d'origine japonaise attirent l'attention. Dans *Du côté de chez Swann*, Proust nous emmène de l'univers des estampes japonaises à « ce jeu où les Japonais s'amusent à tremper dans un bol en porcelaine rempli d'eau de petits morceaux de papier ». Se dépliant, ces papiers deviennent fleurs et personnages : le narrateur du roman y voit une sorte de modèle de son œuvre.
Rite ou exercice, inventif ou codifié, formateur ou délassant, l'origami s'adresse aux enfants comme aux adultes : un Japon intemporel sollicite les capacités de construction ingénieuse et de figuration élégante ; elle intéresse les géomètres et les architectes, elle invite simultanément à la sobriété et au déploiement.
L'origami, dans une société qui peine parfois à définir ses fins et ses valeurs, ne cesse de confirmer que le Japon est le grand pourvoyeur de signes concrets que les peintres et les poètes ont su y voir.

Chronologie

Années 1970 Les cuisiniers Paul Bocuse, Michel Guérard et Pierre Troisgros s'inspirent de la cuisine japonaise.
1970 Premier défilé Kenzo à Paris.
1973 Premières collections du styliste Issey Miyake.
1976 Sortie du film franco-japonais *L'Empire des sens* de Nagisa Ōshima.
1978 L'émission *Récré A2* diffuse des dessins animés ou feuilletons japonais comme *Candy* ou, à partir de 1979, *San Ku Kaï*.
1978 Création d'une école du bonsaï à Metz.

Bonsaï

Ce mot, qui signifie « planté dans un pot », résultat de la combinaison de *bon* « pot », et de *sai* « arbre », se généralise dans la seconde moitié de la décennie, notamment à la suite de la troisième Exposition universelle qui a eu lieu à Paris en 1978.

Sashimi

Le mot *sashimi*, qui apparaît déjà à la fin du XIXe siècle dans les récits de voyageurs, entre dans la langue française de façon concomitante avec le mot *sushi*. Contrairement à ce dernier, il désigne une préparation faite de poisson cru détaillé en fines tranches, que l'on accompagne la plupart du temps de wasabi et de gingembre cru.

Shiatsu

Ce mot désigne une méthode de relaxation et de bien-être d'origine japonaise, qui se pratique par pression des doigts sur les points d'acupuncture, de *shiatsuryōhō*, « traitement (*ryōhō*) par pression (*atsu*-) du doigt (*shi*) ».

Tempura

Le mot entre dans les dictionnaires dans les années 1970, même s'il est attesté* déjà depuis le XXe siècle. À l'origine, le terme est portugais, mais c'est par l'intermédiaire du japonais qu'il est passé en français. Le *tempura* est une spécialité culinaire japonaise qui consiste en un aliment (généralement un fruit de mer ou un légume) enrobé d'une pâte légère à base de farine et d'eau, puis frit dans de l'huile.

Yakitori

La transcription de ce mot japonais, attesté en anglais en 1962, apparaît en français au début des années 1970. Les yakitoris sont des brochettes japonaises composées de morceaux de viande (souvent du poulet) ou de légumes, grillées puis marinées dans une sauce sucrée et salée.

Éloge paradoxal du camping-car

L'émergence de nouveaux modes de transport à la fin des années 1970 reflète l'évolution des loisirs et des voyages, marquée par un désir croissant de mobilité et de proximité avec la nature, malgré les paradoxes environnementaux.

Sur le plan lexicographique comme sur celui de la symbolique, *camping-car* est un paradoxe. Ce n'est pas un mot anglo-saxon* : à partir des mots anglais *camping*, attesté* en français dès le début du XXe siècle, et *car* qui, pour le coup, n'a jamais été transposé comme tel en français, on a forgé en 1974 le pseudo-anglicisme *camping-car* sur le modèle de *sleeping-car*, la voiture de chemin de fer autrement appelée *wagon-lit*. Quant à la symbolique de cet engin, que peut-on penser d'un véhicule motorisé, et donc polluant, censé rapprocher l'homme de la nature ?
Camping-car, pour se faire une place dans la langue française, a dû évincer les concurrents *autocamping* et *voiture-camping*, et ignorer le terme québécois *autocaravane* (1980), pourtant recommandé par la commission française de terminologie du tourisme. C'est peut-être, outre la « franglomanie », que le mot porte davantage au rêve, évoquant l'image des grands espaces, comme ceux que l'on trouve sur le continent nord-américain. Mais il y a là tromperie sur la marchandise : car qu'est-ce qu'un camping-car sinon un véhicule dont l'intérieur est aménagé pour servir d'habitation ? Héritier de la roulotte et de la caravane, motorisé et plus confortable, le camping-car représente le luxe et la modernité.

Autre avatar du camping moderne, le *mobile home*, mot attesté dans la langue française vers 1970, désigne une réalité assez courante aux États-Unis : une maison construite en matériaux légers, qui peut être transportée par route ou par rail et installée dans des sites prévus à cet effet. La traduction par *maison mobile* ne s'est jamais répandue en français alors qu'elle avait été officiellement préconisée. Tandis qu'aux États-Unis le mobile home permet à des travailleurs modestes de gagner différents lieux de travail sans changer de logement, en Europe, ce sont les campings qui proposent aujourd'hui à leurs hôtes des mobile homes à côté des espaces dévolus aux tentes et aux camping-cars. Le rêve de liberté et de communion avec la nature, avec cet emprunt, est contaminé par la dure réalité, nous rappelant que le fait de camper fut d'abord synonyme d'installation provisoire imposée à une armée par les aléas de la guerre.

Les maisons mobiles

En France, l'utilisation du faux anglicisme* *camping-car* est attesté* depuis 1974, alors que la première mention de *mobile home* remonte à 1956. Malgré cet écart, et le fait que les deux mots sont aujourd'hui largement synonymes, *camping-car* devance de loin l'utilisation de *mobile home* dans l'usage.

Le terme « autocaravane », proposé par l'Office québécois de la langue française et recommandé par les institutions officielles en France, n'a jamais vraiment réussi à s'imposer face à *camping-car* et *mobile home*. Quant aux variantes* « voiture-camping » et « auto-camping », elles ne sont pas attestées dans le corpus. Preuve que leur durée de vie a été relativement éphémère !

FRÉQUENCE DANS L'USAGE DES MOTS *CAMPING-CAR*, *MOBILE HOME*, ET *AUTOCARAVANE*, DE 1970 À 2019**

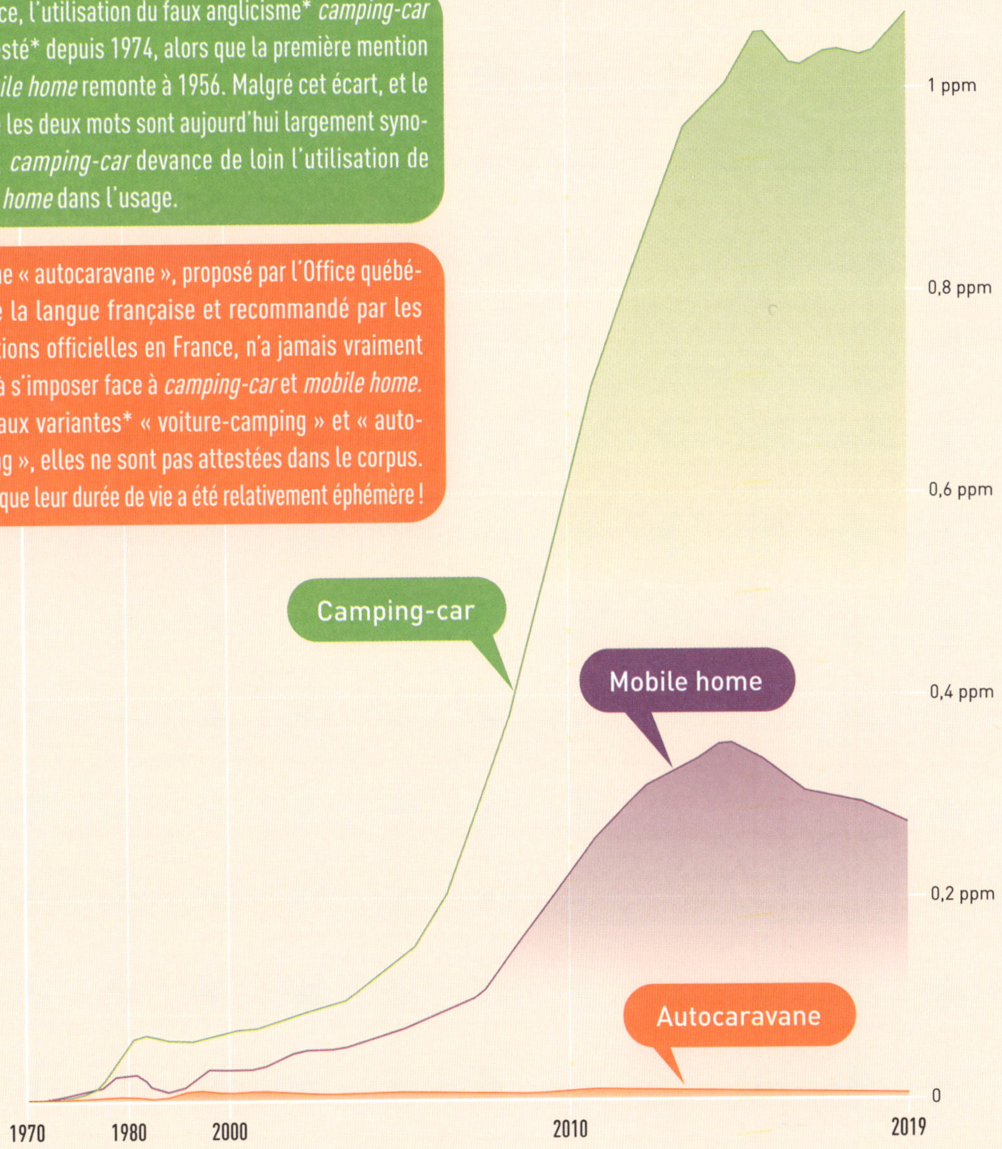

** dans les recherches Google Ngram

Cool, Raoul

Véritable symbole des années 1970 et au-delà, « cool » est bien plus qu'un simple mot : c'est un symbole de liberté, et d'attitude décontractée, qui demeure, un demi-siècle plus tard, un élément essentiel de la culture populaire.

Avec un adjectif anglais signifiant « frais » depuis un millénaire, on a fait un mot français ultra-courant, vers 1970 : ***cool***. De l'idée de température – le mot est de la même famille anglo-saxonne* que *cold* « froid » – on est passé à celle d'une fraîcheur et d'une détente psychique.

C'est d'ailleurs le point de départ d'une métaphore sur les mots *hot*, « chaud » et *cool* qui est à l'origine, aux États-Unis, du second sens de *cool*, d'abord propre aux musiciens de jazz. Un style de cette musique avait été qualifié de « chaud », *hot* – on se souvient du film génial de Billy Wilder (1959) *Some Like it Hot*, « Certains l'aiment chaud ». Lors de l'évolution de cette musique, après la parenthèse révolutionnaire du *be bop*, un créateur inspiré, le saxophoniste Charlie Parker, intitule un morceau *Cool Blues*, « blues frais ». *Cool*, notamment avec le trompettiste Miles Davis, devient alors en anglais, et par là en de nombreuses langues, un adjectif caractérisant un style détendu. En français, le mot, prononcé contre les règles orthographiques *coul'* (ce qui a renforcé l'idée perverse qu'à deux *o* écrits à la suite correspondait normalement le son *ou*), bénéficia peut-être d'une équivoque sur sa signification, ce qui était cool étant en effet coulant, aisé, calme et agréable. Dans plusieurs contextes, et surtout dans le langage dit « des jeunes », qui d'ailleurs vieillissent comme tout le monde, *cool* se met à s'employer en français dans les années 1970, autrement qu'il ne l'était dans le monde du jazz. On l'associe en français, malgré l'apparence, aux successeurs des hippies, les babas cool.

Peu à peu, à la fin de la décennie, *cool* devient l'adjectif favori des jeunes Français et d'autres francophones, équivalent de plus en plus vague de « bon, agréable », remplaçant en partie des mots positifs comme *sympa* ou *chouette*. Employé dans les tournures *c'est cool*, *c'est trop cool* (avec la nouvelle valeur intensive de *trop* pour « très »), le mot a engendré des dérivés, tels que *coolos* (*s* prononcé), *coolitude*, lancé en 1992 par l'écrivain mauricien Khal Torabully et qui provient d'une équivoque avec le dérivé du mot *coolie* (personne d'origine indienne ou pakistanaise venue accomplir des travaux pénibles après l'abolition de l'esclavage), le mot étant alors beaucoup plus riche et humaniste.

Chronologie

1970 Cat Stevens chante *Katmandu*, ville mythique de destination des babas cool.
1973 Manifestations contre l'extension du camp militaire du Larzac.
1973 Création du *Guide du Routard*, de Philippe Gloaguen.
1978 La boîte de nuit *Le Palace* ouvre ses portes à Paris.
1979 Sortie du film musical *Hair* de Miloš Forman, mettant en scène un groupe de hippies.

> **« Viens faire un tour dans la ruelle
> J'te montrerai mon Opinel,
> Et j'te chourav'rai ton blouson !
> Moi j'y ai dit : Laisse béton ! »**
>
> Renaud, *Laisse béton*, 1977.

Des mots tombés du ciel

La conquête de l'espace, initiée dans les années 1960, suscite dans la décennie suivante un vif intérêt pour les « visiteurs du ciel ». Symboles de notre fascination pour l'inconnu, les objets volants non identifiés, parfois observés, donnent lieu à des théories farfelues.

En juin 1947, le pilote Kenneth Arnold raconte à la radio qu'il a observé plusieurs objets volants qu'il compare à des « soucoupes volantes » (*flying saucers*), lors d'un vol près du mont Rainier, dans l'État de Washington. Cette annonce fait sensation dans les médias et s'inscrit dans le contexte de la guerre froide, si bien que le gouvernement des États-Unis décide de mener l'enquête. En effet, ce pays redoute davantage l'existence de prototypes soviétiques d'armes volantes non identifiées que la visite de Martiens !

Datant de la fin des années 1960, le mot *ovni* est l'acronyme* français d'*objet volant non identifié*, appellation calquée* sur l'anglais *unidentified flying object*. Il s'est imposé à propos de toute manifestation céleste inexplicable, supposée pouvoir correspondre à un engin provenant d'une origine extraterrestre. Malgré une incursion éphémère dans le vocabulaire français vers 1972, le sigle anglais ***UFO*** n'est pas entré dans l'usage mais il a fourni, vers 1972, la racine* des noms ***ufologue*** et ***ufologie*** (la discipline non reconnue officiellement, mais prétendue scientifique, qui étudie les ovnis). Au sens figuré, *ovni* se dit d'un événement imprévisible (un *ovni historique*), d'une œuvre qui ne correspond pas aux règles du genre ou d'une personne inattendue dans un rôle (*Untel est un ovni politique*). À partir des années 1950, des témoignages relatant l'observation d'ovnis au sens propre sont recueillis dans le monde entier et de nombreux organismes de recherche, publics ou privés, sont chargés d'enquêter sur ces signalements.

Dans la culture populaire, un ovni fait référence à un vaisseau spatial d'origine extraterrestre. En juillet 1947, à Roswell (Nouveau-Mexique), l'écrasement présumé d'un engin extraterrestre (que le gouvernement des États-Unis a expliqué plus tard par l'écrasement d'un ballon-sonde) fut le mythe fondateur de thèses « conspirationnistes ».

Depuis la fin des années 1970, l'invasion extraterrestre est une thématique récurrente du cinéma de science-fiction dans une veine soit dramatico-réaliste (*Rencontre du troisième type* ou *ET* de Steven Spielberg), soit comique (la trilogie *Men in Black* de Barry Sonnenfeld ou *Mars Attacks !* de Tim Burton). Les ovnis ont de beaux jours devant eux grâce à la découverte de nombreuses exoplanètes qui rend l'hypothèse, selon laquelle nous ne serions pas seuls dans l'Univers, moins invraisemblable, sans pour autant parvenir à quitter le domaine de l'imaginaire, fertile créateur de mythes.

Chronologie

Juin 1973 Des astrophysiciens prennent une photo d'ovni lors d'un vol du Concorde qui suivait une éclipse solaire. Le 4 février 1974, une explication scientifique est apportée au visuel.

1974 Le journaliste Jean-Claude Bourret anime « Dossier OVNI » dans l'émission *Pas de panique*.

1977 Création d'un service du CNES, le Gepan : Groupe d'études des phénomènes aérospatiaux non identifiés.

1979 Les frères Bogdanoff lancent leur émission *Temps X*, dédiée à la science-fiction.

« Beaucoup plus fréquents sont les témoignages concernant des ovnis apparus dans le ciel mais, souvent, les témoins restent muets par crainte d'être tournés en dérision. »

Journal télévisé de 13 heures,
18 janvier 1974.

Ça glisse pour nous

Dans le domaine des sports et des loisirs, les années 1970 ont été marquées par une explosion de la culture de la glisse et du divertissement en plein air.

Désignant un dispositif monté sur trois ou quatre roulettes et qui s'adapte à la chaussure au moyen de courroies, l'expression « **patins à roulettes** », construite par analogie avec « patins à glace », apparaît dans le langage courant en 1866, mais connaît une heure de gloire en France dans les années 1970-1980, où ces objets deviennent l'un des codes vestimentaires de la jeunesse cool avec le bandana et le Walkman®. Des lieux dédiés s'ouvrent, telle la discothèque *La Main jaune* à Paris qui ne se fréquente que sur roulettes et constitue une référence pour la génération qui a grandi avec le film *La Boum*.

Le patin à roulettes classique tend alors à se voir remplacé par une chaussure montée sur quatre roues réparties de part et d'autre de la semelle. Le système est perfectionné aux États-Unis ; il se nomme ***quad***, abréviation de *quadruple*, qu'il n'est pas besoin de traduire. Les roues sont bientôt alignées sur une seule bande centrale : ce nouveau patin prend le nom de ***roller*** (1985), emprunt direct à l'anglais, probablement parce que le modèle est popularisé par la firme RollerBlade. Plus rapide que le patin original et d'une forme plus dynamique, le roller tient le haut du pavé à partir du milieu des années 1990.

Comme avec le mot *patin*, *roller* désigne non seulement la chaussure mais aussi l'exercice sportif : on fait du roller. La pratique se popularise chez toutes les générations et gagne ses lettres de noblesse, bien qu'elle n'ait pas encore réussi à se faire une place au panthéon des disciplines olympiques. Les adultes admettent désormais s'adonner à ce sport initialement considéré comme un simple loisir pour la jeunesse et le succès des sorties groupées en roller – telle celle qui traversait Paris tous les vendredis soir au début des années 2000 – contribue à le diffuser.

Deltaplane

En 1973, le mot *deltaplane* désigne aussi bien cette structure composée d'une toile synthétique souple en forme de delta, pilotable par un individu suspendu sous l'aile dans un harnais, que le sport que l'on pratique au moyen de cet engin.
Le mot, enregistré comme nom de marque en 1973, comporte les éléments *delta* (nom de la quatrième lettre grecque, qui a l'allure d'un triangle dans sa forme majuscule) et *plane* (sur le modèle d'*aéroplane*).

Planche à roulettes

Locution* attestée* en 1976, elle a été créée sur le modèle de « planche à voile » pour traduire l'anglais *skateboard* (de *skate* « patin » et *board* « planche »). Elle désigne à la fois la petite planche montée sur roulettes et le sport qui fait appel à ce système.

Planche à voile

La locution « planche à voile », apparue en 1975, a été proposée comme équivalent à l'anglais *windsurf* (nom de marque déposé en 1972, de *wind* « vent » et *surf* « planche pour glisser sur les vagues »). Elle désigne un type d'embarcation à voile minimaliste, composé d'une planche et d'un gréement (voile, mât et wishbone).

Speed-sail

Nom de marque déposé en 1977, où l'on reconnaît l'anglais *speed* « rapide » et *sail* « voile ».
Un speed-sail est un engin amalgamant les propriétés d'une planche à voile et d'une planche à roulettes.

Surfeur

Le mot *surf*, forme abrégée de *surf-board*, désigne une planche que l'on utilise pour glisser sur des vagues. Il entre dans le dictionnaire en 1961. Quant au substantif* *surfeur, -euse*, francisation de l'anglais *surfer* « personne qui pratique ce sport », il n'apparaît qu'au début des années 1970.

Le disco creuse le sillon

L'essor fulgurant du mouvement disco reflète une époque où la musique, la danse et la mode ont fusionné pour créer un phénomène de société inédit.

John Travolta et son mythique déhanché dans *La Fièvre du samedi soir* (1977) continue, plus de quarante ans après, d'incarner le disco jusqu'au bout des boots. Tout en tenue moulante et pantalons « pattes d'eph » (pour éléphant), le personnage montre combien ce qui n'était au départ qu'une tendance musicale s'est transformé en phénomène de société. Le terme ***disco***, directement importé des États-Unis, a d'abord désigné en français (c'était en 1976) une musique destinée au public des discothèques car le mot anglais dérive de ce terme français. L'apparition de nouveaux instruments et notamment du synthétiseur a promu ce genre de musique, facile à écouter, construit sur des rythmes musicaux simples, issus de la musique afro-américaine (mélange de soul, de funk et de pop...). Mais le succès dépassa les frontières de la musique et les adeptes du disco se firent les promoteurs de la liberté et de la contre-culture, ceci par une exubérance qui part de la piste de danse. Les boules à facettes et les couleurs psychédéliques indissociables de ce mouvement témoignent d'un univers de paillettes et d'excès. Le genre disco a connu un succès aussi court que phénoménal puisqu'il périclita dans les années 1980, non sans influencer les genres musicaux qui lui succèdent, telle la techno. Le disco garde toutefois une certaine aura notamment depuis les années 1990-2000, comme en témoigne l'engouement que continuent de susciter les figures et les « tubes » de cette période. Il n'est qu'à voir le succès de *Mamma Mia*, comédie musicale basée sur les chansons du groupe Abba, ou le film de Fabien Onteniente, *Disco* (2008), qui revisite les standards du genre grâce à un vague prétexte narratif. Des Village People à Gloria Gaynor, Donna Summer ou les Bee Gees, la galaxie états-unienne du disco regorge de groupes et de figures hautes en couleur et en lamé qui ont marqué l'histoire du genre.

Chronologie

1974 Le groupe suédois Abba remporte le concours de l'Eurovision avec *Waterloo*.

1975 Sortie de *That's the Way (I Like It)* de KC and the Sunshine Band.

1977 John Travolta fait brûler le *dance-floor* au son de *Stayin' Alive* des Bee Gees dans *La Fièvre du samedi soir* de John Badham.

1978 Gloria Gaynor est la reine du disco avec *I Will Survive*.

1978 Sortie du titre *Y.M.C.A* des Village People.

« Depuis l'explosion de la beatlemania dans les années 60, on n'avait pas vu pareille tornade [le disco]. »

Philippe Adler,
L'Express, 27 janvier 1979.

Nous, les femmes

La libération des femmes marque une période de changements sociaux et politiques à l'échelle mondiale. Portées par un puissant mouvement féministe, les femmes se sont mobilisées pour revendiquer leurs droits, leur autonomie et leur égalité.

Avant la libération de la femme dans les années 1970, les machistes, les phallocrates et autres sexistes ne pouvaient pas être désignés par ces termes peu laudateurs ; pour cause, car ces mots n'existaient pas encore. Le mouvement d'émancipation des femmes a doté la langue française d'un lexique critique pour exprimer les formes de domination très anciennes reposant sur une hiérarchie favorable aux hommes, et pour dénommer les acteurs, conscients ou non, de ces types d'oppression.

Le mot ***machisme*** renvoie à l'idéologie selon laquelle l'homme est supérieur à la femme et a droit à des privilèges de maître. Il a été emprunté à l'espagnol mexicain *machismo*, utilisé pour *virilidad*, « virilité ». Un machiste est un homme qui prône la suprématie du mâle ; dans le registre familier, on emploie volontiers *macho*, le terme hispano-américain désignant le mâle. *Masculin*, *mâle* et *macho* sont d'ailleurs issus de la même racine* latine, *masculus*.

Le système de domination de l'homme sur la femme, qui s'exerce sur le plan social, culturel et symbolique, est également appelé *phallocratie*, du grec *phallos*, « pénis en érection », *phallus* en latin et en français, et *cratos*, « pouvoir ». Machisme et phallocratie sont des idéologies qui reposent sur la pratique de comportements discriminatoires fondés sur le critère du sexe. Ces systèmes de pensée s'appuient notamment sur les stéréotypes de genre (au sens pris par l'anglais *gender* grâce aux féministes des États-Unis), qui perpétuent des caractéristiques prétendument attachées à la différence biologique entre hommes et femmes.

Le mot *sexisme* a été forgé sur le modèle de *racisme* : comme le second postule une inégalité des races, le premier présuppose une hiérarchie entre les sexes. Il est surtout employé pour désigner les attitudes discriminatoires adoptées par les hommes aux dépens des femmes. Si le mot « misogyne » (du grec *gûne*, qu'on retrouve dans *gynéco-*) existait depuis la Renaissance, son symétrique ***misandre***, qui signifie « qui a de la haine pour les hommes », est apparu à la faveur de cette libération des esprits, des corps et des mots, mais il est resté confidentiel.

Il existe désormais des mots pour dire le mépris des femmes et l'abus de pouvoir des hommes, ce qui n'est pas forcément réjouissant ; ces gains lexicaux ne s'accompagnent malheureusement pas souvent de la disparition des comportements auxquels ils renvoient…

« Le féminisme n'a jamais tué personne. Le machisme tue tous les jours. »

Benoîte Groult,
Ainsi soit-elle, 1975.

Sexisme et Sororité

Formé sur le latin *soror* « sœur », sur le modèle de « fraternité », *sororité* est un terme forgé en 1970 pour traduire l'anglais *sisterhood*. Aux États-Unis, il désigne ces groupements de femmes ou de jeunes filles qui vivent en communauté au sein de campus américains. Dans les mouvements militants, la sororité décrit le lien de solidarité qui existe entre les femmes.

La lutte contre le sexisme et le machisme (1971) s'intensifie, avec l'émergence de concepts tels que la phallocratie et la sororité (1970). On dénonce les stéréotypes machos (1971) et les structures de domination masculine, illustrées par la misandrie (1970).

FRÉQUENCE DANS L'USAGE DES MOTS *MACHO*, *SEXISME*, *MACHISME*, *SORORITÉ* ET *PHALLOCRATIE*, DE 1960 À 2019**

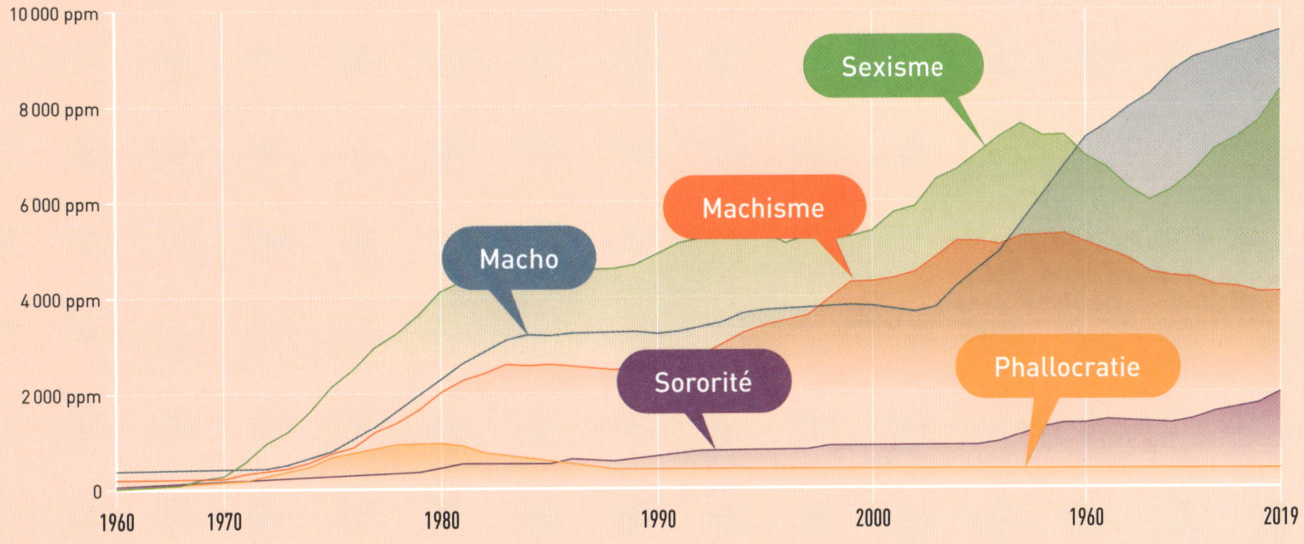

** dans les recherches Google NGram

Médecine très douce

Au cours des années 1970, des alternatives à la médecine traditionnelle voient le jour. Orientées vers des méthodes naturelles pour traiter les problèmes de santé, elles mettent l'accent sur l'équilibre physique, mental, émotionnel, et visent souvent à stimuler les capacités naturelles de guérison du corps.

Les pratiques thérapeutiques que l'on oppose à la médecine conventionnelle sont dites *alternatives*, *parallèles*, *douces*, *holistiques*, *traditionnelles* ou *complémentaires*. Parmi celles qui rencontrent du succès dans les pays francophones, on peut citer la sophrologie.

C'est un neuropsychiatre colombien, Alfonso Caycedo, qui a mis au point cette discipline dans les années 1960 en mêlant techniques de relaxation et hypnose occidentales avec le yoga et la méditation zen qu'il avait découverts lors de séjours en Inde et au Japon. Il forgea alors en espagnol le mot *sophrologia* à partir du grec *sophron* « sensé, sage » (issu de *sôs* « harmonie, équilibre »), de *phrên* « esprit, conscience », et de *-logie* « étude ». La sophrologie se définit comme « l'étude de la conscience harmonieuse ».

Cette méthode est basée sur des techniques de respiration dirigée, de visualisations mentales positives et de prise de conscience du corps.

Elle vise à conduire à des états de conscience modifiés, entre veille et sommeil, qui permettent de créer ou de renforcer l'équilibre entre les émotions, les pensées et la physiologie. La sophrologie s'applique à des domaines divers. Elle est utilisée comme outil de gestion du stress, du sommeil, de la douleur, en préparation à l'accouchement et comme technique de développement personnel. En 1972 l'adjectif ***sophrologique*** a fait son apparition, suivi quelques années plus tard par ***sophrologue***, pour désigner le praticien ou la praticienne.

Chronologie

1972 Premier congrès de la sophrologie en France, à l'hôpital de la Pitié-Salpêtrière, à Paris.

1973 Création de l'Association française de défense de l'ostéopathie (AFDO).

1973 Pierre-Valentin Marchesseau fonde l'Institut d'hygiène vitale pour former des naturopathes.

1979 Publication des *Principes fondamentaux pour une médecine étiopathique* de Christian Trédaniel.

« Le sujet sophronisé est comme débranché du monde extérieur et totalement relaxé. »

Journal télévisé de 20 heures, 7 juillet 1973.

Aromathérapie

L'aromathérapie est une pratique qui repose sur l'utilisation d'huiles essentielles et d'autres composés aromatiques à des fins médicales, notamment pour améliorer le bien-être physique et psychologique d'une personne. Le terme apparaît pour la première fois en 1970. Il résulte de l'amalgame des mots *aromatique* (qui appartient à la famille des aromates) et *thérapie* (du grec *therapeia*, « soin, cure »).

Auriculothérapie

En latin, le terme *auricula* est le diminutif de *auris*, un mot qui désigne l'oreille. L'auriculothérapie soigne donc par cet organe. Dérivée de l'acupuncture, elle traite les différentes affections ou provoque des réactions en stimulant des points spécifiques du pavillon de l'oreille par des piqûres. Le terme a été mentionné pour la première fois au début des années 1970.

Étiopathie

L'étiopathie consiste en une approche thérapeutique non invasive. Elle se concentre sur le traitement des causes sous-jacentes aux symptômes d'un patient, plutôt que de se limiter à traiter les symptômes eux-mêmes. Le terme est attesté* dès 1972. Il est formé de deux éléments d'origine grecque : *aition* « cause » et *pathie* (du grec *pathos*, « ce qu'on éprouve »).

Naturopathie

La naturopathie, qu'on appelle aussi « naturothérapie », est un mot générique désignant l'ensemble des moyens naturels qui visent à maintenir la santé, ou à la retrouver. Le mot est attesté pour la première fois en français en 1972. Il s'agit d'un calque* de l'anglais *naturopathy*, forgé à partir des éléments *-pathie* (du grec *pathos*, « ce qu'on éprouve ») et *nature*.

Ça plane pour eux

Les jeunes, souhaitant repousser les limites des conventions de la société traditionnelle, se lancent dans l'exploration de diverses substances illicites. Le vocabulaire de la drogue s'enrichit, reflet des transformations sociales et culturelles en germe dans la décennie précédente.

Durant les années 1970, de nombreux mots liés à la drogue font leur entrée dans la langue française. L'adjectif ***accro*** (1979), abréviation de (être) *accroché*, apparaît pour caractériser la dépendance qu'un individu peut contracter suite à la prise de certaines substances. Le mot ***addiction*** (1970) est d'ailleurs emprunté à l'anglais en vue d'exprimer cette réalité qui désigne l'état d'être en proie à une accoutumance. L'apparition du verbe ***flipper*** (1970) permet d'abord de symboliser l'excitation et l'enthousiasme que peut procurer la consommation d'un produit, mais finit très vite par désigner l'action de déprimer ou de faire un mauvais *trip* (terme anglais signifiant « voyage », attesté* dès les années 1960 pour décrire l'état d'une personne sous drogue). Si la ***fumette*** (1978), dérivé du verbe *fumer*, qui caractérise l'habitude de fumer des ***joints*** (1970) – emprunt à l'argot des États-Unis *joint*, « cigarette de haschisch » –, offre aux jeunes de fugaces moments de détente et d'évasion, c'est parce que le *shit* (1970) – mot anglais qui signifie « merde » – employé en ce sens dans l'argot de la drogue, commence à circuler de plus en plus vite.

D'autres anglicismes sont les témoins de l'influence de la culture anglophone sur le lexique de la drogue. Pour désigner l'action de prendre de la drogue par le nez, le verbe ***sniffer*** est créé en 1978, sur l'anglais *to sniff*, de même sens. Dans ce contexte, la ***polytoxicomanie*** (1974), cette dépendance caractérisée par la consommation simultanée ou alternée de plusieurs substances toxiques, devient une réalité de plus en plus inquiétante. Des junkies arpentent les rues en quête de leur prochaine dose. La ***méthadone*** (1971), substance voisine de la morphine, se voit prescrite comme traitement de substitution aux opiacés, et permet de réduire les dommages associés à l'usage de drogues dures.

Ainsi, dans cette époque de turbulence et de découverte, un lexique tout particulier se forme. Il est le reflet de l'esprit d'une génération en quête d'évasion. Pour d'autres, un piège dont il est difficile de s'extraire.

Chronologie

1970-1980 Le cas d'infractions à la législation sur les stupéfiants passe de 2 000 au début des années 1970 à près de 20 000, dix ans plus tard.

31 décembre 1970 Vote de la loi Mazeaud relative à la lutte contre les toxicomanies.

1971 Ouverture du centre Marmottan dédié à la lutte contre les toxicomanies.

1974 Démantèlement du réseau de trafic de drogue franco-américain surnommé la « French Connection ».

18 juin 1976 *Libération* s'exprime en faveur de la dépénalisation du cannabis en lançant l'« Appel du 18 joint » dans ses pages.

« Quand on a commencé, il n'y a plus de vie possible sans drogue, mais c'est une existence dégueulasse d'esclave. Et pourtant, je suis ravie d'y retourner. Heureuse ! »

Beatrice Sparks, *L'Herbe bleue*, 1971.

Linguistique et informatique

Avec l'invention du microprocesseur, on assiste au développement d'ordinateurs plus petits, plus rapides et donc plus accessibles. Cette révolution est catalysée par les brillants esprits de la Silicon Valley, qui tire son nom du silicium, élément essentiel de l'électronique.

Cette ère nouvelle voit apparaître dans la langue française une profusion de termes et d'expressions, en grande partie d'origine anglo-américaine. Certains de ces anglicismes sont adoptés sans réserve, tandis que d'autres font l'objet d'adaptations, ou sont troqués contre des équivalents français. L'élément *micro-*, dérivé du grec *mikros* « petit », devient omniprésent dans le vocabulaire de l'informatique. Il est notamment utilisé pour créer ***micro-ordinateur*** en 1971 (aujourd'hui on parle d'« ordinateur » tout court), ***microprocesseur*** en 1976 et *micro-informatique* en 1980 (relatif à l'informatique des micro-ordinateurs). Le passage à l'ère numérique donne également naissance, dès 1976, à des termes tels que ***logiciel*** (traduction de *software*, forgé à partir du mot « logique ») et ***pixel*** (*pix*, emprunté à l'anglais, est une variante* de *pics* – abréviation de *pictures*, « images » et d'*el*, « *element* »), éléments incontournables du vocabulaire informatique.

À la même époque, en 1975, apparaît la ***disquette***, ce disque souple de petite dimension qui sert de support pour la mise en mémoire de données. Cependant, cette période de croissance rapide de l'informatique n'est pas sans défis ni dilemmes. À témoin, l'apparition du terme ***piratage*** en 1979, pour décrire l'action de piller des données ou de détourner des systèmes informatiques. Parallèlement, le terme ***bureautique*** entre dans la langue française en 1976 pour dénommer l'ensemble des techniques visant à automatiser les travaux de bureau. Un an auparavant, le terme ***robotique*** (formé sur *robot*) est attesté*, désignant l'exploration et le développement de systèmes automatisés capables de s'adapter à des environnements complexes, et pouvant remplacer ou étendre certaines fonctions humaines.

Chronologie

1971 Ted Hoff invente le microprocesseur commercialisé par la société Intel.
1973 Premier micro-ordinateur.
1975 Fondation de Micro-Soft par Bill Gates et Paul Allen ; le chiffre d'affaires dépasse le million de dollars en 1978.
1976 Fondation d'Apple par Steve Jobs et Steve Wozniak et lancement de l'Apple I, suivi de l'Apple II en 1977.
1978 Premier numéro de la revue *L'Ordinateur individuel*.
1979 Atari sort ses premiers ordinateurs.

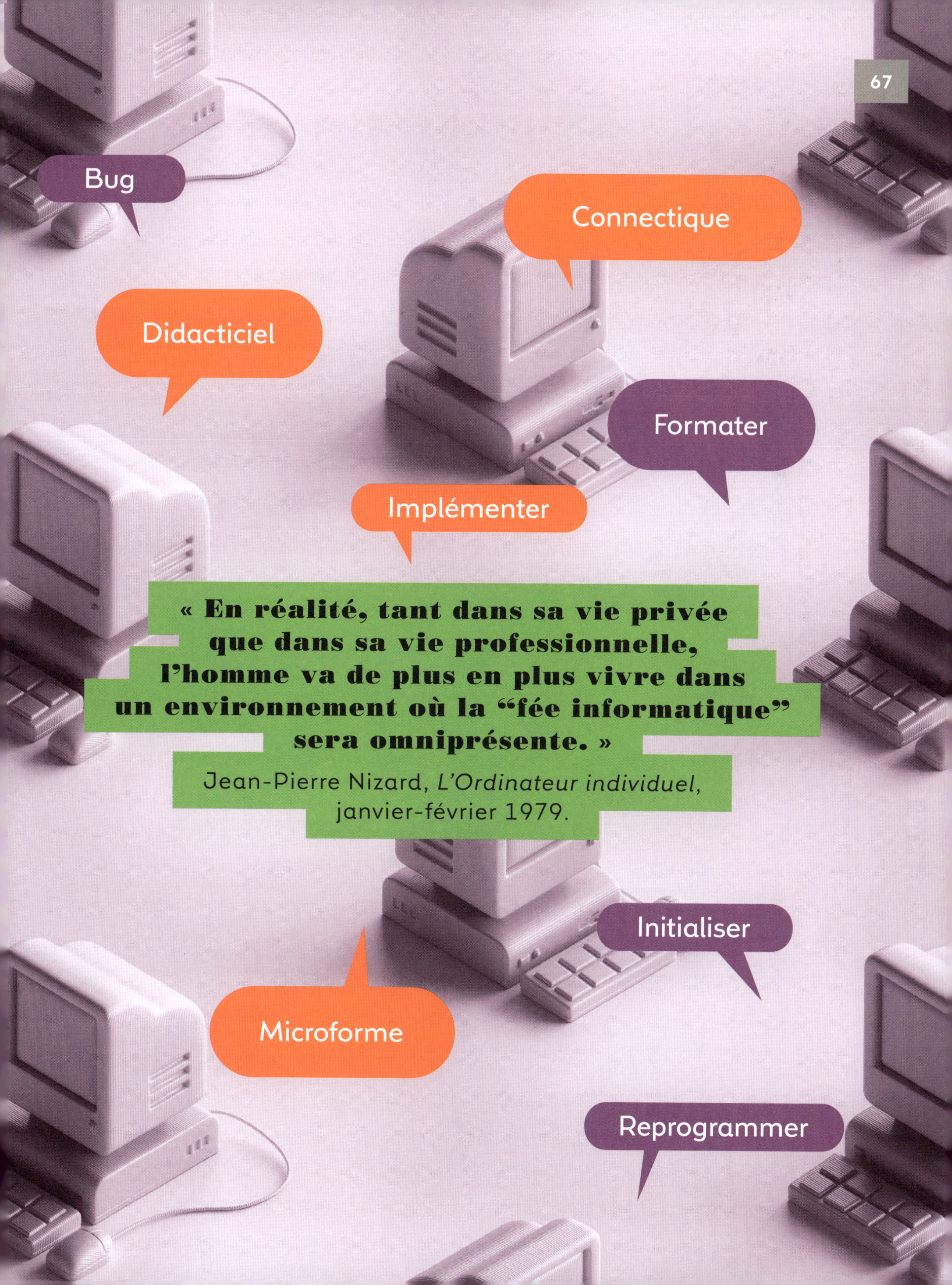

« En réalité, tant dans sa vie privée que dans sa vie professionnelle, l'homme va de plus en plus vivre dans un environnement où la "fée informatique" sera omniprésente. »

Jean-Pierre Nizard, *L'Ordinateur individuel*, janvier-février 1979.

La leçon de verlan*

Le verlan est une forme d'argot qui consiste à inverser les syllabes des mots. Le processus naît à la fin des années 1970, et devient populaire dans les années 1980, notamment chez les jeunes.

L'utilisation du verlan, bien que documentée depuis le XIXe siècle, connaît un nouvel essor dès la fin des années 1970 dans les banlieues parisiennes. Initialement un moyen de dissimulation utilisé par la pègre, le verlan devient un symbole de ralliement et d'identité pour les jeunes des cités. Cette forme de langage crypté leur permet de se distinguer des générations qui les ont précédés, mais aussi de protéger leurs échanges de l'intrusion des autorités ou des non-initiés. Le verlan suit des règles de formation relativement simples mais rigides. Les syllabes des mots sont inversées, et, parfois, des troncations* ou des réanalyses phonologiques sont nécessaires pour rendre le mot verlanisé* fluide et naturel.

– Dans les cas les plus simples, qui sont aussi les plus courants, les syllabes d'un mot en comportant deux sont simplement inversées. Ainsi, *toubab* « homme blanc », *français* et *tomber* se disent *babtou*, *céfran* et *béton* (comme dans l'expression « laisse béton »).

– Si le mot se termine par une consonne ou un *-e*, un *e* est prononcé. Le *mec* est un *keumé*, la *tête*, la *teutê* et *grave* devient *veugra*.

Dans certains cas, le mot verlanisé subit une transformation supplémentaire, qui consiste en une troncation de la voyelle finale. C'est ce processus qu'ont subi les mot *reum* (*reumeu -> mère*), *reuf* (*reufrè -> reuf*), *veuch* (*veucheu -> cheveux*), etc.

– Si le mot ne comporte qu'une syllabe, la voyelle est prononcée avant la consonne transformant *chaud* en *och*, *fou* en *ouf* et *moi* en « oim », qui se prononce « wam ».

– Dans les cas plus rares de mots trisyllabiques, le processus est un peu plus complexe. La dernière syllabe se place en premier, et on garde seulement la deuxième ou la première. Concrètement, *énervé* passe par *vé-ner-é* pour devenir *vénèr* (perte du dernier élément). C'est ainsi qu'un *Arabe* (beu-a-ra) est un *beura* et un *Africain*, un *kinfri* (kin-a-fri).

Dans les années 1980, certains mots de verlan ont été reverlanisés. *Niquer* s'était transformé en *ken* par troncation de *keni* et se dit aujourd'hui *neukè*, *feuf* (verlan apocopé* de « flic ») est devenu *keufeu*, etc. De ces revernalisations ne survivent aujourd'hui que les mots *rebeu* (verlan de *beur*, forme apocopée de *beura*) et *ken*.

Aujourd'hui, le verlan n'est plus autant à la mode. On estime que c'est à la fin des années 1990 que le processus a perdu de la vitalité. Il reste toutefois dans la langue française des formes qui sont entrées dans le dictionnaire.

> **« J'avais la vellecer qui zaifeu des gueva quand je la neutai dans mes bras. »**
>
> Jacques Dutronc, *J'avais la cervelle qui faisait des vagues*, 1971.

Beuh

Attesté* dès 1986, le mot *beuh* est la forme verlanisée et apocopée du mot *herbe* (*hèr-beu* -> *beu-hèr* -> *beuh*). Le maintien du *h* final dans la graphie s'explique peut-être analogiquement : *beuh* est la façon dont on orthographie l'onomatopée* qui exprime le dégoût ou un mépris amusé.

Keupon

La première apparition de cette forme verlanisée du mot *punk* n'est pas datée. Selon toute vraisemblance, elle ne doit pas remonter plus loin que 1973. C'est en effet à cette date que le français emprunte à l'argot américain le mot, qui désigne en France comme au Royaume-Uni un mouvement de contestation qui regroupe des jeunes affichant divers signes extérieurs de provocation contre l'ordre social qu'ils tournent en dérision.

Meuf

Le mot *meuf* est attesté dès 1981. En raison de la fréquence de son usage, il fait partie, avec d'autres mots formés sur le même modèle (*teuf*, verlan apocopé* de *fête* en 1984 ; *keuf*, verlan apocopé de *flic* en 1978), des mots dont on a souvent oublié qu'ils sont le résultat d'un processus de verlanisation.

Ouf

On trouve le mot dans des textes écrits dès 1988. Il garde la même signification que l'adjectif *fou*, auquel il correspond. Il s'emploie pour qualifier quelque chose ou quelqu'un de surprenant, incroyable, ou impressionnant. Il peut avoir une connotation positive ou négative, selon le contexte. Par exemple, « c'est ouf ! » peut signifier « c'est incroyable ! » ou « c'est dingue ! ».

Les années 80

Et une, et deux et trois ! Dans les années 1980, le culte du corps est à son apogée. L'engouement pour le **fitness** en est la preuve et l'on soigne son style jusqu'aux accessoires comme le **bandana ou les pin's.** Un nouveau cycle économique démarre avec la fin des **Trente glorieuses,** prémices de crises sans précédents. **Racisme** et contre-racisme sont sous les feux des projecteurs comme le prouvent la marche des Beurs et la création de l'association SOS Racisme. Pour couronner le tout, l'épidémie de **sida** prend de l'ampleur et les politiques de prévention se multiplient. Face à ces incertitudes, un mouvement de repli s'opère comme le reflète le concept de **cocooning**. Sur son canapé, devant le **petit écran**, on zappe devant des programmes inédits qui nous permettent de ne plus sortir de chez soi comme le téléachat. Des objets comme le **Minitel® ou le Walkman®** aujourd'hui tombés aux oubliettes de l'histoire révolutionnent eux aussi le divertissement. Un autre moyen plus réjouissant de lâcher la pression est de crier sa colère et son engagement grâce à l'émergence du **rap**. Une note d'espoir naît pour les couples ayant des difficultés à avoir des enfants grâce aux avancées en **procréation assistée**. Et dans le monde, la **guerre froide** finira à la fin de la décennie grâce à l'effondrement de l'URSS. Tous ces événements ont généré un lot de néologismes* très diversifié.

Fitness et gonflette

Dans les années 1980, les Français s'adonnent à de nombreux sports pour sculpter leur corps, n'hésitant pas non plus à se rendre dans les premières cabines de bronzage. La beauté s'affiche et se revendique, comme le révèle la mode des épaulettes et du fluo.

Dans les années 1980 se dessine un nouveau paradigme du corps parfait qui se doit d'être sportif, musclé et modelé par l'activité physique : cette tendance se trouve illustrée par les cours d'aérobic proposés dans l'émission de télévision *Gym Tonic* (à-peu-près ironique du gin tonic apéritif). C'est alors la découverte en France de cette forme de gymnastique où des mouvements rapides, permettant une meilleure oxygénation des tissus, sont exécutés en musique.

Cette décennie voit l'apparition dans la langue française d'autres emprunts à l'anglais, comme ***aérobic***, ***fitness*** ou ***bodybuilding***, bien plus aguicheurs pour l'américanomanie ambiante que leurs équivalents français *remise en forme* et *culturisme*. ***Aquagym***, cependant, sous ses airs anglo-saxons*, est en réalité français pour décrire une discipline née dans l'Hexagone : en 1984, ce nom déposé désigne une forme de gymnastique pratiquée en milieu aquatique, le plus souvent en piscine. L'élément *aqua-* (« l'eau », en latin) est courant dans la langue française puisqu'on le retrouve dans *aquaculture*, *aquarium* ou *aquarelle* ; *gym*, forme abrégée de *gymnastique*, est connu des écoliers depuis belle lurette. S'appuyant sur les vertus de l'eau, l'Aquagym® rend plus accessibles des principes mis en évidence depuis des siècles par la balnéothérapie à des fins de rééducation ou de soins dans certaines pathologies. Et cela séduit rapidement le public, car l'Aquagym® permet de pratiquer une activité physique en douceur et dans un environnement propice à la détente, en se servant de la résistance offerte par l'eau pour se muscler tout en évitant les chocs. Aujourd'hui, si la plupart des piscines françaises proposent ce genre d'activités, elles connaissent de nouveaux avatars et la langue voit se généraliser une terminologie construite selon le même principe : on peut ainsi désormais pratiquer l'*Aquabody*®, l'*aquafitness*, l'*Aquastretching*® ou, dernière coqueluche des aficionados du sport en piscine, l'*Aquabike*®, disgracieuse désignation pour un aquavélo virtuel.

Chronologie

1982 Première à la télé de *Gym Tonic*. Véronique et Davina entraînent les Françaises et Français à bouger leur corps. L'émission comme le toutouyoutou du générique deviennent cultes.

1986 Commercialisation du premier épilateur électrique, l'Epilady.

1987 Le livre de Michel Montignac *Je mange donc je maigris* se vend à plus de six millions d'exemplaires en France.

1989 Création de la compétition de culturisme Arnold Classic, qui reflète l'intérêt pour cette pratique dans les années précédentes chez les hommes comme les femmes.

« Le minimum pour qu'un exercice soit efficace est de pratiquer trois fois par semaine pendant au moins une demi-heure. »

Jane Fonda,
Jane Fonda's Workout, 1982.

Questions de (bio)éthique

Depuis les premières procréations médicalement assistées (PMA) et fécondations in vitro (FIV), les techniques n'ont cessé d'évoluer, ouvrant de nouvelles perspectives pour les couples infertiles, entraînant au passage une explosion lexicale.

Dans les années 1980, les progrès des technologies qualifiées de ***procréatiques*** (adjectif formé en 1985 sur *procréation*, au moyen du suffixe *-tique*, qui définit l'ensemble des techniques relatives à la procréation artificielle) offrent des solutions innovantes pour surmonter l'infertilité et prévenir les maladies génétiques. C'est en 1978 que naît au Royaume-Uni le premier ***bébé éprouvette***, locution* attestée* sous la forme « bébé de l'éprouvette » en 1947, qui se répand au début des années 1980. La technologie s'affine, et des processus comme la ***F.I.V.*** (« fécondation *in vitro* », souvent écrit sans points, et prononcé [fiv]), et la ***F.I.V.E.T.E.*** (« fécondation *in vitro* et transfert d'embryon », aujourd'hui écrit comme il se prononce, c'est-à-dire *fivète*) se démocratisent. Est ensuite mis au point le diagnostic ***préimplantatoire*** (aussi abrégé en DPI, formé sur *pré-*, « antérieur » et le radical* de « implantation »), qui permet de détecter des anomalies génétiques ou chromosomiques dans les embryons avant leur implantation dans l'utérus. Cette technique assure que seuls les embryons sains sont transférés, augmentant ainsi les chances de succès de la grossesse.

Parmi les autres procédés révolutionnaires mis au point pendant cette décennie, on peut mentionner la ***génothérapie*** (traduction littérale de l'anglais *gene therapy*), qui se distingue par son potentiel à traiter ou prévenir les maladies génétiques en modifiant les gènes directement. On peut aussi signaler le développement des premiers ***contragestifs*** (mot peut-être formé sur le moule de *contraceptif*), la racine *–gest–* rappellant le mot *progestérone*. Ces médicaments sont utilisés pour interrompre une grossesse, souvent dans les premières semaines, la progestérone étant l'hormone indispensable à l'implantation de l'embryon et au maintien de la grossesse.

Tous ces processus soulèvent des questions éthiques et juridiques, et entraînent la naissance d'un nouveau domaine de recherche : celui de l'étude des implications éthiques et morales des nouvelles technologies biologiques et médicales et du mot qui le décrit en 1982 : la ***bioéthique***.

Chronologie

1982 Naissance d'Amandine, premier bébé né par FIV en France.

1982 Création suite à cette naissance du Comité consultatif national d'éthique pour gérer notamment l'assistance médicale à la procréation.

1985 Margaret Atwood publie son roman *La Servante écarlate* qui met en scène des mères porteuses.

1985 Le préfet du Bas-Rhin Christian Dablanc interdit à l'association de mères porteuses Les Cigognes nouvellement créée le statut d'association.

1987 Pat Anthony, grand-mère porteuse sud-africaine, âgée de 48 ans, met au monde des triplés.

1989 En France, la Cour de cassation affirme la nullité des conventions passées pour la gestation pour autrui.

GIFT

Formé sur l'anglais *Gametes Intra-Fallopian Transfer*, ce sigle joue sur le sens du mot (*gift* signifiant « don » en anglais) et s'emploie pour parler d'une technique de fécondation artificielle consistant à injecter des ovules et des spermatozoïdes dans les trompes de Fallope.

Location d'utérus

Locution* attestée* en 1984 qui renvoie à l'utilisation de l'utérus d'une mère porteuse pour assurer le développement d'un ovule humain fécondé.

Mère porteuse

Le mot composé* apparaît en 1984 pour définir une femme qui accepte de porter un enfant pour un couple ou une personne célibataire incapable de concevoir ou de mener une grossesse à terme.

Transgène

En 1981, la société Transgène donne son nom à la technique d'un gène ajouté au patrimoine génétique d'un être vivant. L'adjectif *transgénique*, emprunté à l'anglais en 1984, s'emploie pour désigner un individu auquel on a transféré un ou plusieurs gènes supplémentaires.

Transposon

Mot attesté en 1984, qui désigne un élément génétique transposable, composé d'ADN, aux terminaisons constituées de séquences identiques inversées, et capable de réplication autonome et d'inversion dans une nouvelle localisation du génome.

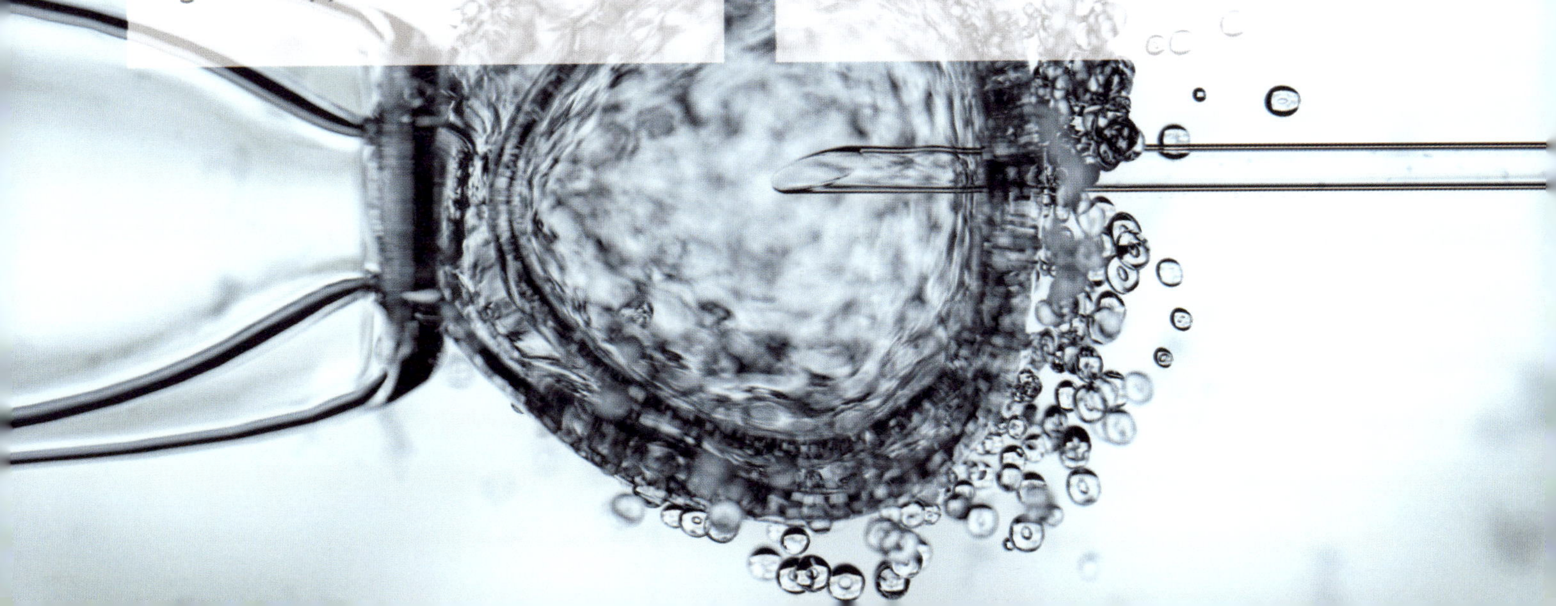

Fini, les Trente Glorieuses...

Socialement, la décennie est marquée par une crise profonde, exacerbée par des tensions économiques et des transformations du marché du travail. Quelques néologismes* subsistent, rappelant l'ampleur des défis politiques et des réponses institutionnelles apportées.

La politique sociale française est caractérisée par une abondance de sigles et d'acronymes*, reflétant la complexité et la diversité des dispositifs et des institutions mis en place pour répondre aux besoins sociaux. L'un des sigles les plus marquants des années 1980 est celui de ***SDF***, qui apparaît en 1983 et qui signifie « sans domicile fixe ». Désignant une personne qui se trouve sans logement régulier et, le plus souvent, sans ressources, le mot vient compléter la liste des termes déjà existants pour définir les personnes précaires et exclues socialement (*sans-abri, sans-logis, clochard, clodo*, etc.).

Le mot ***RMI***, acronyme de « revenu minimum d'insertion », entre dans la loi et la langue française en 1988. Il désigne alors une allocation versée aux personnes sans emploi et sans revenu. Compte tenu du contexte de crise économique mondiale marqué par la récession du début des années 1990 et par la montée du chômage, le mot devient malheureusement d'un emploi courant, donnant naissance, dès 1989, au dérivé ***rmiste***, prononcé ***érémiste***, désignant le ou la bénéficiaire du RMI.

De nombreux mots font leur apparition, symptomatiques de cette sombre période.

C'est ainsi qu'émerge, dès 1983, le verbe ***placardiser***, qui concurrence l'expression dont il est tiré, « mettre au placard », dans un contexte où les entreprises se débarrassent d'une manière ou d'une autre de leur personnel, tout comme la figure du *loseur* (et son pendant féminin *loseuse*) emprunté à l'anglais *loser* « perdant », pour qualifier une personne qui échoue de manière frénétique.

Quant aux supermarchés, devant la baisse du pouvoir d'achat, ils proposent à leurs clients des produits moins élaborés ou différents, d'où l'apparition du composé* « sous-marque ».

Parmi les autres conséquences du capitalisme, un grand nombre d'anglicismes émergent pour nommer des concepts inédits dans cette société en transition. En 1986, on commence à parler d'*outplacement* (de l'anglais *to outplace*, de *out* « en dehors » et *place* « placement ») pour désigner ce service fourni par les entreprises aux employés quittant l'organisation, les aidant à retrouver un emploi ailleurs par le biais de conseils de carrière, de formation et de soutien psychologique.

Chronologie

1981 L'inflation atteint un taux record de 13,4 %.

1982 Adoption du premier plan de rigueur : les prix et les salaires sont bloqués.

1985 Coluche crée l'association Les Restos du Cœur qui sert, dès cette année, 8,5 millions de repas aux plus démunis.

1986 Jean-Jacques Goldman compose *La Chanson des Restos* pour financer l'association de Coluche.

1988 Instauration du RMI.

1989 Création de l'impôt de solidarité sur la fortune, pour financer notamment la mise en place du RMI.

« On ne fait pas d'affaires avec de bons sentiments, ou alors ce sont des dons et c'est déductible fiscalement. »

Paul-Loup Sulitzer, *Money*, 1980.

Touche pas à mon pote

L'intégration de l'immigation maghrébine a eu des répercussions profondes sur la société française, visibles avec des mouvements sociaux et antiracistes tels que la « Marche des Beurs » et la création de l'association SOS Racisme et de son slogan « Touche pas à mon pote ».

Après la guerre d'Algérie, de nombreux Maghrébins s'installent en France. Ils luttent pour s'intégrer, faisant face à des tensions raciales croissantes, exacerbées par des conditions économiques difficiles et des discriminations systémiques. Les descendants de ces immigrés et d'autres pays du Maghreb vivent souvent dans des conditions précaires, avec un accès limité à l'emploi, à l'éducation et au logement alimentant leur colère.

La « Marche des Beurs » est initiée en 1983 par des jeunes Français d'origine maghrébine pour protester contre le racisme et les violences policières. Ce mouvement met sur le devant de la scène un mot comme ***beur*** (verlan* du mot *arabe*), qui désigne une jeune personne née en France de parents ou de grands-parents maghrébins immigrés, et, en 1985, son dérivé féminin ***beurette***. À cette même époque, différentes façons de dénommer les personnes en fonction de leur religion ou de leur origine se précisent. On parle désormais de ***black*** (emprunt à l'anglais américain qui signifie « noir ») pour désigner les descendants d' immigrés de pays d'Afrique, et de ***feuj***, verlan du mot « juif ».

Fondée en 1984 pour lutter contre le racisme, l'association SOS Racisme popularise le slogan « Touche pas à mon pote » comme cri de ralliement. En lien avec la thématique de l'immigration et la culture dite « des banlieues », de nombreux termes prennent des sens nouveaux. ***Zoulou***, qui désigne « une personne appartenant à une ethnie d'Afrique australe ainsi désignée », définit, dès 1988, un « jeune, d'origine africaine, appartenant à une bande organisée, souvent violente, se réclamant de la culture afro-américaine (en référence à la réputation guerrière des Zoulous). Le mot ***raï*** (signifiant en arabe « opinion »), attesté* pour la première fois en 1983, est le nom d'une musique populaire originaire d'Algérie. Quelques années plus tard, le terme *halal* (ou *hallal*) qualifie l'ensemble des règles concernant la nourriture autorisée par la religion musulmane. Autre stigmate de ces influences : l'emprunt à l'anglais américain du mot ***dreadlocks*** en 1984 (avec *dread* « peur, frayeur » et *locks* « boucles »), la coiffure étant supposée symboliser l'« effrayant pouvoir » des authentiques rastas jamaïquains.

Chronologie

1981 Création de Radio Beur.

1982 Grèves des ouvriers majoritairement immigrés à l'usine Citroën d'Aulnay-sous-Bois et chez Renault à Flins. Leur origine est stigmatisée par les politiciens de tous bords.

Été 1983 Affrontements entre policiers et jeunes des quartiers de la cité des Minguettes à Vénissieux.

1983 Jean-Pierre Stirbois, secrétaire général du Front national (FN), devient maire adjoint à Dreux.

3 décembre 1983 60 000 personnes défilent à Paris pour l'égalité et contre le racisme.

1986 35 députés du FN sont élus lors des élections législatives.

1988 Jean-Marie Le Pen obtient 14,39 % des suffrages au premier tour de l'élection présidentielle.

Avoir les boules ou la haine

quand on galère

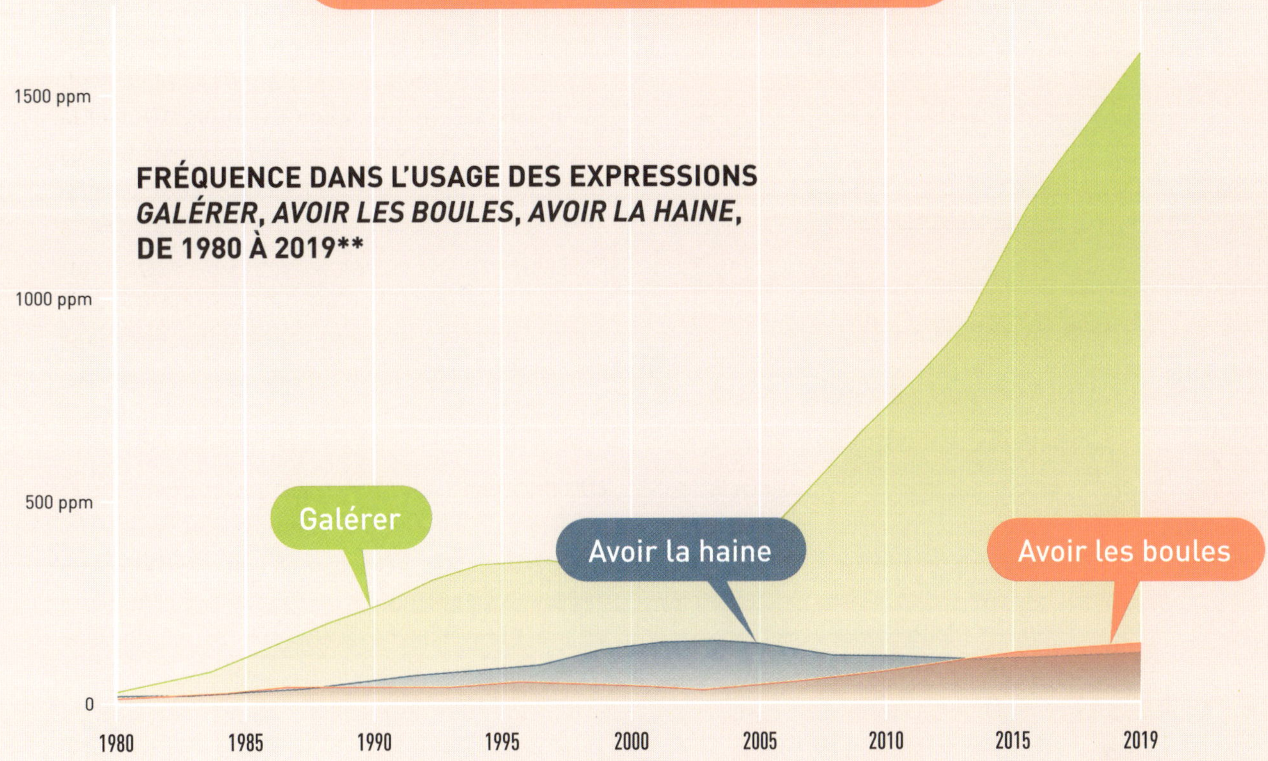

Symbole des mouvements de contestation et de frustration, de nombreux mots et expressions font leur apparition et deviennent à la mode comme *boules* et *haine*, recyclés sous la forme de « avoir les boules » et « avoir la haine ». Le verbe *galérer*, dérivé de *galère* (« situation, séjour extrêmement pénible »), émerge au début des années 1980.

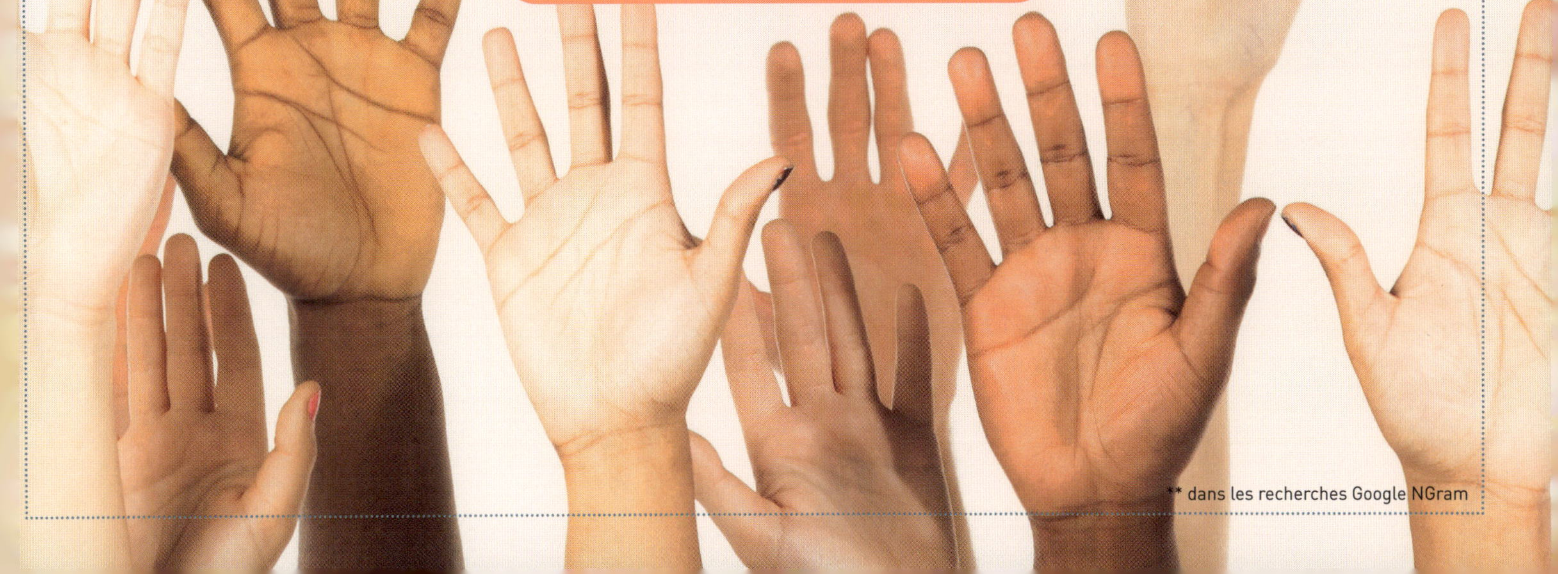

** dans les recherches Google NGram

Plonger dans la ouate

Montée du chômage, attentats à répétition, propagation du sida… Ces événements graves poussent à rester chez soi, havre de paix et de sécurité, comme en témoignent les mots de cette décennie.

Quand le temps est froid et maussade, l'actualité déprimante, qu'on n'a aucune envie de sortir car au fond, on est si bien chez soi, dans la douce chaleur de son logis, l'heure est au ***cocooning***. Cet anglicisme qui fait son apparition en français écrit en 1987 est le fruit d'un aller-retour linguistique. Il est dérivé de l'anglais *cocoon*, qui correspond au français *cocon*, emprunt au provençal *coucoun* qui désigne à la fois la coque de l'œuf et l'enveloppe où une chenille, notamment de ver à soie, se transforme en chrysalide. ***Cocooner***, création ridicule mais bien française, c'est donc rester au chaud dans son cocon. Le cocon soyeux de la chenille est devenu métaphore du « nid douillet », confortable et protecteur.
On retrouve ce sens lorsqu'on parle du « cocon familial », abri rassurant qu'il est parfois douloureux de quitter. Dans les années 1980, des sociologues américains ont commencé à voir dans ce cocooning un phénomène psychosocial. Les professionnels du marketing se sont rapidement emparés du mot et de son dérivé et ont voulu en faire un concept aussi bien pour l'aménagement intérieur et la décoration, que pour la mode (chères doudounes ?), en passant par les produits de beauté.

Gardons-nous de traiter les adeptes du cocooning de pantouflards. Ceux qui aiment passer leur dimanche à lire sous la couette ou à se prélasser sur le canapé avec un chocolat chaud devant la télé évoquent un monde de plaisir et de bien-être mais aussi un certain art de vivre, sans aucune connotation négative.
En France, ce mot aux sonorités douces et réconfortantes s'est imposé lorsqu'il s'agit de se dorloter et, on parle de *cocooner ses enfants, ses clients* ou *ses hôtes*. Au Québec, où on évite certains anglicismes, on peut parler de *coconnage* ou de *coucounage*.

Chronologie

1980 Herta lance ses pâtes feuilletées et brisées prêtes à l'emploi.
1980 Après McDonald's en 1972, Quick se lance en France, suivi en 1982 par Free Time.
1983 Ouverture du premier Ikea en France, à Évry : de quoi acheter des sofas et des plaids pour cocooner dans le salon.
1984 Apparition des salades en sachet dans les rayons des supermarchés.
1988 1,5 million de fours à micro-ondes vendus en France, pour réchauffer des petits plats tout prêts à déguster devant la télé.

Bisounours

Le mot *Bisounours*, franchise populaire lancée au début des années 1980 aux États-Unis sous le nom de *Care Bears*®, s'est répandu en France dès 1984. Structurellement, *bisounours* est un mot-valise*, combinaison des mots « bisous » et « (nou)nours ». Dans les provinces francophones du Canada, ces personnages sont appelés « Câlinours » car *bizoune* est un synonyme familier de *pénis*.

Feng shui

Le substantif* *fen shui* est attesté en français en 1988. En chinois, langue à laquelle il a été emprunté, le feng shui désigne l'énergie vitale de *feng* « vent » et *shui* « eau ». En français, on se sert du mot pour désigner cet art de vivre qui cherche à harmoniser les rapports entre l'être humain et son environnement.

Doudou

Attesté* en 1985, le mot *doudou* désigne l'objet transitionnel qui aide le bébé à se réconforter, à se rassurer et à mieux vivre la séparation avec ses parents. Il est formé par réduplication du mot *doux*, comme de nombreux autres termes enfantins à l'instar de *dodo* ou *pinpin* formés à partir de « dormir » et « lapin ».

Jacuzzi

Ce mot provient d'une marque tirée du nom de son inventeur, Candido Jacuzzi, un Américain d'origine italienne. Il entre dans le lexique courant dès 1984, pour désigner un bassin ou une baignoire de cette marque, équipé(e) d'un dispositif qui provoque des remous dans l'eau.

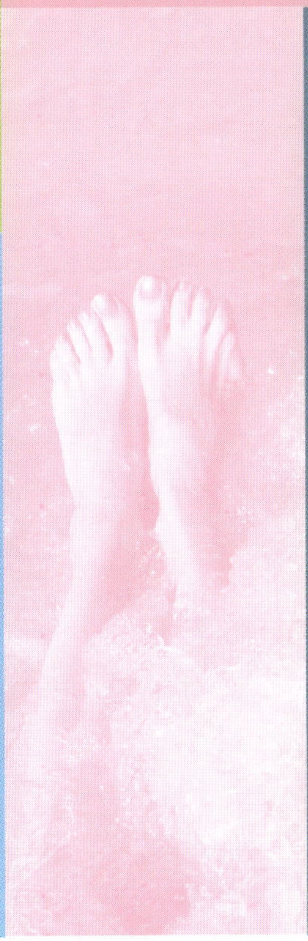

Spa

La trajectoire du mot est intéressante, car singulière. Il apparaît dans la langue française en 1981, par le truchement de l'anglais américain *spa* « bain à remous », abréviation datant de 1979, de *health spa* « centre, cure de thalassothérapie » attesté depuis 1974. À l'origine, « Spa » est le nom d'une station thermale belge située dans la province de Liège.

À chiper, à choper

À partir du début des années 1980, de nouveaux termes liés à la culture du hip-hop font leur apparition dans le dictionnaire. Ces néologismes* marquent l'influence croissante des pratiques artistiques américaines en France.

C'est d'abord le mot ***tag*** qui fait une entrée remarquée dans la langue française en 1981. Cet emprunt à l'argot américain des ghettos désigne une signature stylisée, souvent illisible, réalisée à la bombe de peinture sur les murs des espaces publics. Marqueur de territoire par excellence, le tag devient rapidement une expression artistique urbaine, qui contribue à la popularisation du ***street art*** en France (anglicisme attesté* dès 1982, qui signifie littéralement « art de rue », et qui désigne l'ensemble des formes d'art réalisées dans les espaces publics).

En 1982, le terme ***rap*** fait à son tour son apparition dans la langue française. Né dans les années 1970 aux États-Unis, le rap désigne un style musical lié à la culture des ghettos afro-américains, qui se caractérise par l'utilisation d'expressions directes et des thèmes souvent revendicatifs, scandés sur des mélodies rythmées. Étymologiquement, le mot *rap* est attesté en anglais américain en 1965, avec le sens de « conversation de rue ». Il s'agit là d'une extension de sens du verbe *to rap* « donner des coups secs répétés », mot d'origine onomatopéique.

Côté musique, le terme ***scratch*** apparaît en 1983. Ce faux anglicisme (la forme originale est *scratching*, du verbe anglais *to scratch* « rayer ») désigne une technique de manipulation de disques vinyles produisant des sons rythmés en les déplaçant manuellement sur une platine.

Dans le domaine de la danse, c'est dans la décennie des *eighties* que naît le ***breakdance*** (emprunt à l'anglais américain datant de 1984, avec *break* « cassé » et *dance* « danse »), qui désigne une danse acrobatique dont le ***smurf*** (1983) est une déclinaison. L'étymologie est intéressante : il s'agit encore d'un mot anglais des États-Unis, qui est la traduction du français *Schtroumpf* (personnages de bandes dessinées). L'utilisation de l'équivalent anglais de *schtroumpf* s'explique par l'analogie entre le schtroumpf qui se déplace comme un robot et les mouvements saccadés de cette danse populaire.

Toutes ces formes d'art sont nées dans les ghettos des métropoles californiennes au cours des années 1970. Elles font partie d'un mouvement culturel plus large, appelé *hip-hop* (de *hip* « dans le vent, branché », et *to hop* « sauter »). Peut-être parce que ce terme n'a été popularisé qu'après la reconnaissance grandissante de ce mouvement culturel par le grand public ?

Chronologie

1984 Sidney lance son émission *H.I.P. H.O.P.*

1984 Dee Nasty sort son premier album « Paname City Rappin' ».

1986 « Raising Hell » de Run-DMC est le premier album de rap à être certifié disque de platine.

1987 « Yo! Bum Rush the Show », premier album de *Public Enemy*.

1987 « Paid in Full » de Eric B. & Rakim, un album devenu un classique.

1988 Le label du groupe N.W.A reçoit le FBI pour son titre *Fuck Tha Police*.

1989 Succès de *Ladies First* de Queen Latifah.

« Le rap emprunte à la scansion poétique comme au savoir-faire des camelots. »

Le Monde, 1er novembre 1983.

Ces objets cultes 1.0

Fax, Minitel® et Walkman® : ces technologies aujourd'hui disparues ont préparé les Français aux innovations du XXIe siècle.

Walkman®

Le Walkman® avec son casque aux rondes oreillettes de mousse fait partie de l'attirail du jeune branché dans les années 1980. L'appareil, inventé à la fin des années 1970, est un lecteur de cassettes portatif doté d'un casque très léger et permettant d'écouter de la musique en marchant, d'où son nom déposé par la marque japonaise Sony en 1979. Son succès fut tel qu'il désigna progressivement tous les appareils de cette sorte. En anglais, il signifiait « marcheur », de *(to) walk* « marcher » et du suffixe* d'agent *-man*. Sur le même principe, Sony commercialisa ensuite un lecteur de CD portable baptisé *Discman®*, littéralement « homme disque »...
Pour réagir contre l'emploi de ces anglicismes dans le français usuel, une recommandation officielle française, en 1983, prône de les traduire par *baladeur*.

Fax

Il arrive que l'on contacte au téléphone une administration et qu'on entende un son strident, acouphène affreux. C'est que le numéro n'était pas celui d'une ligne téléphonique, mais d'un fax.
Le ***fax***, c'est cet appareil qui, dans les années 1980-2000 est utilisé, surtout dans les entreprises, pour envoyer une information écrite (texte ou images). Un document est inséré dans une machine qui l'analyse. Les informations qu'il contient sont télétransmises au correspondant qui reçoit une feuille sur laquelle les informations envoyées ont été reproduites. Le mot *fax* désigne à la fois l'appareil, l'action de télécopier, le document envoyé et celui qui est reproduit.
Même si les mots *télécopie* et ses dérivés, *télécopier*, *télécopieur*, ont été recommandés et publiés au Journal officiel pour remplacer l'anglicisme *fax*, ce terme demeure le symbole d'un mode de communication jugé moderne, tout comme le fut en France le Minitel®, avant la démocratisation d'Internet. *Fax* est l'aphérèse* de *Téléfax®*, emprunté à l'anglais *telefax*, abréviation de *telefacsimile*, qui aurait aussi bien pu être français, italien ou espagnol, puisqu'il est latino-grec.

Minitel®

L'ère du Minitel®... Temps révolu, dans une période où le progrès technique, le loisir et la mode se définissaient par la miniaturisation des objets. Dans les années 1980, tout est mini. Les jupes, les bus, les golfs, les bars... jusqu'à cet objet curieux, le Minitel®... Malgré les apparences, il n'a rien à voir avec le mini-téléphone, dont l'apparition se fera à la fin des années 1990, sans grand succès. Expérimenté près de Rennes en 1980, puis à Vélizy, le Minitel®, appelé aussi « little French box », a définitivement disparu en 2012, après un âge d'or dans les années 1980 et 1990.
L'origine du mot est discutée. En 1980, il semble avoir été composé avec les éléments *min-* pour terminal, rapproché arbitrairement de *mini-*, et de *-tel* pour *téléphone*. Mais d'autres voient dans Minitel® l'acronyme* de l'expression « Médium interactif par numérisation d'information téléphonique ». Les deux origines sont d'ailleurs compatibles.

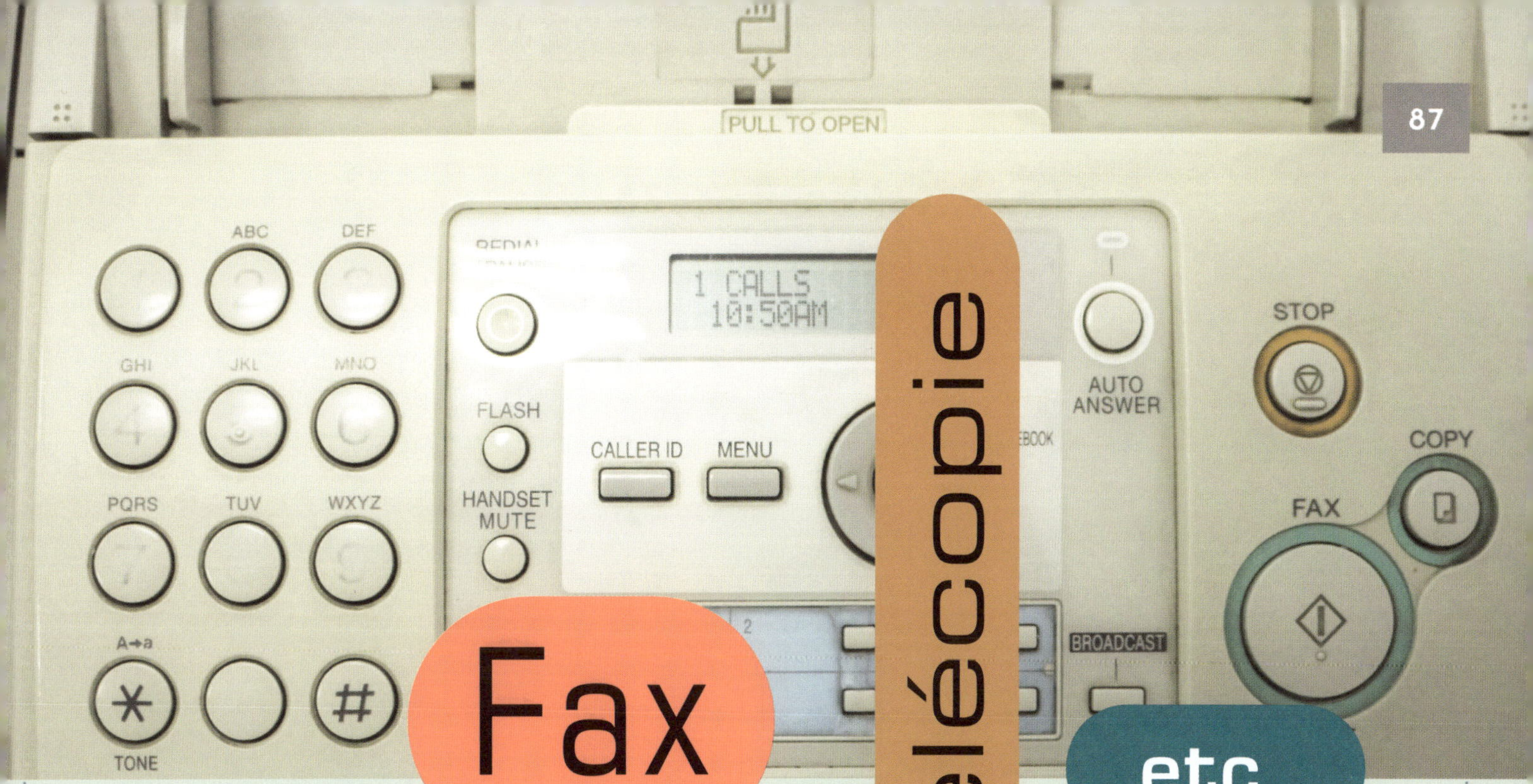

Fax Télécopie etc.

FRÉQUENCE DANS L'USAGE DES MOTS *FAX*, *INTERNET*, *TÉLÉCOPIE* ET *MINITEL*®, DE 1980 À 2019**

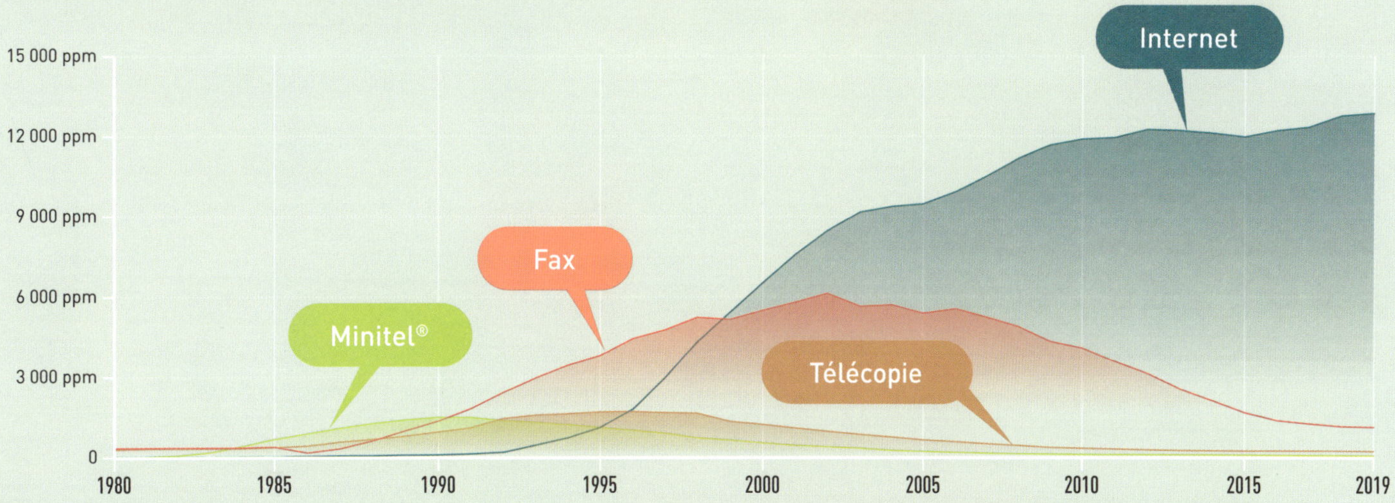

Le Minitel® a connu son heure de gloire en 1990, et l'usage de ce mot a commencé à décroître de façon concomitante avec la croissance de l'usage du mot *Internet*. Le réseau principal du Minitel® (Télétel) est fermé le 30 juin 2012.

On voit que la variante* française, *télécopie*, qui émerge à peu près en même temps que le mot *fax*, n'a jamais détrôné son équivalent d'origine anglo-saxonne dans les usages, ce dernier restant largement plus fréquent que le premier.

** dans les recherches Google NGram

Génération sida

En 1981, le sida apparaît, avec des premiers cas signalés aux États-Unis. Deux ans plus tard, le VIH est identifié comme la cause de la maladie. La langue française garde aujourd'hui les traces de cette terrible épidémie.

L'apparition du **sida**, acronyme* de *syndrome d'immunodéficience acquise*, est l'un des événements les plus marquants du début des années 1980. Cette pathologie virale transmissible par voie sexuelle et sanguine, caractérisée par une chute brutale des défenses immunitaires de l'organisme, est diagnostiquée pour la première fois aux États-Unis en 1981 ; sa définition en anglais produisant le sigle *AIDS*. Le mot, sous la forme française *sida*, grâce à ses codécouvreurs, notamment le professeur Montagnier, apparaît dans la langue en 1982, et, signe de son intégration progressive, voit son traitement typographique évoluer, passant de *S. I. D. A.* à *SIDA*, puis *Sida*, et enfin *sida*. En ce début des années 1980, la méconnaissance des modalités précises de la propagation du **VIH** (virus de l'immunodéficience humaine), un rétrovirus, engendre la peur. Le caractère des modes de contamination vient, dans un moralisme déplacé, stigmatiser ceux et celles qui sont touchés, surtout des homosexuels et des toxicomanes (on néglige volontairement les soignants et les dentistes). L'année 1985 est celle de « l'affaire du sang contaminé » : des échantillons de sang non chauffés, potentiellement contaminés par le virus, sont distribués, le transmettant à près de deux mille hémophiles.

Un travail d'information et de prévention se met peu à peu en place, permettant à la société de se familiariser avec la maladie. L'association *Aides* (allusion au nom anglais du syndrome, du coup moralisé) publie sa première brochure de prévention en 1985. La précaution efficace du préservatif masculin dans les rapports sexuels (« Sortez couverts ! ») est recommandée ; en France, en 1986, la ministre de la Santé Michèle Barzach fait abroger la loi interdisant la publicité pour ces préservatifs. Dans les années 1990, plusieurs films participent du changement du regard de l'opinion publique sur cette pathologie : *Philadelphia*, aux États-Unis (avec la chanson phare *Streets of Philadelphia*, de Bruce Springsteen, et Tom Hanks dans le rôle principal), et *Les Nuits fauves*, de Cyril Collard, en France ; en 2007, André Téchiné et ses *Témoins* seront l'occasion d'un retour sur les débuts de l'épidémie, tandis qu'en 2017, Robin Campillo décrit l'engagement des militants d'Act Up durant les années 1990, dans *120 battements par minute*. Dès les années 1980, le mot ***séropositif*** (plus tard abrégé en ***séropo***), qui existait depuis les années 1930 dans un sens plus large (« réaction positive à un sérum »), s'impose dans la langue courante avec le sens restreint de « personne porteuse du virus du sida ». Selon le même processus de spécialisation du sens, le traitement associant trois médicaments baptisé ***trithérapie*** fait son apparition en 1995. Grâce à cette avancée médicale, certains malades voient leur espérance de vie augmenter significativement, et les femmes séropositives peuvent désormais être enceintes sans risquer de transmettre le virus au fœtus.

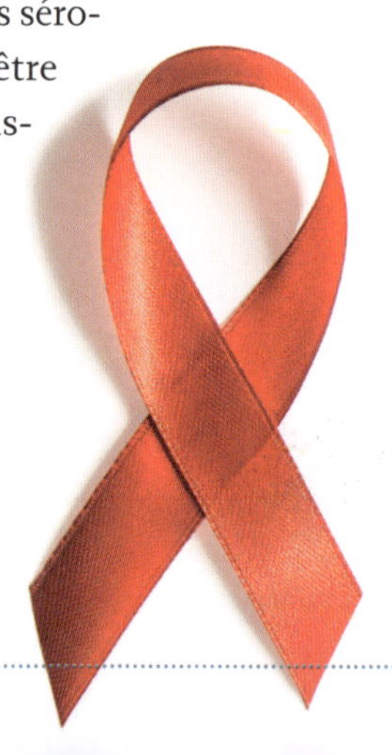

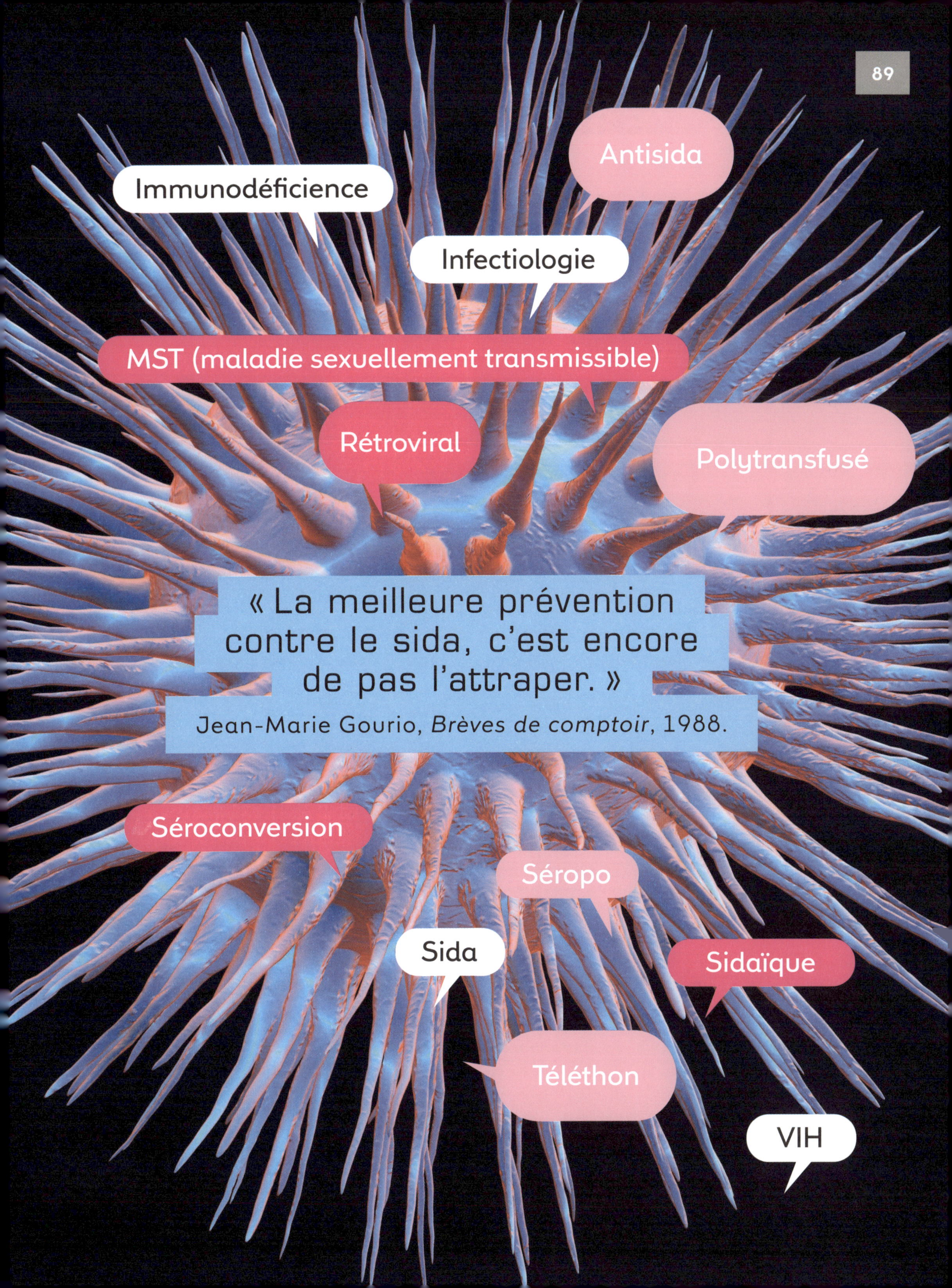

« La meilleure prévention contre le sida, c'est encore de pas l'attraper. »

Jean-Marie Gourio, *Brèves de comptoir*, 1988.

Détente à l'est, tensions au sud

Tandis qu'en URSS un bouleversement géopolitique se prépare, au Moyen-Orient, les affrontements continuent au Liban comme à Gaza. Et les technologies militaires innovent encore et toujours.

À cette époque, l'une des sources majeures de néologismes* provient de l'Union des républiques socialistes soviétiques (URSS, le sigle a disparu en 1991 en même temps que la dissolution de cet État fédéral) et de ses réformes. Sous l'impulsion de Mikhaïl Gorbatchev, deux termes russes font leur entrée dans le lexique français en 1986. Ils illustrent la volonté de modernisation et de transformation radicale du régime soviétique, tout en marquant un tournant décisif dans la guerre froide. Ainsi, la ***glasnost***, terme formé à partir de l'adjectif *glasny* « rendu public » et du suffixe* *-(n)ost'*, concerne la circulation d'informations naguère interdites ou censurées, et la ***perestroïka***, « reconstruction », de *perestroit'*, avec *pere-* « *re-* », *stroï* « construire » et le suffixe *-ka*, qui sert à former des mots féminins, désigne les réformes économiques et sociales destinées à revitaliser l'économie soviétique.

Parallèlement, le Moyen-Orient et les conflits qui s'y déroulent ont engendré eux aussi l'apparition de nouveaux mots dans le vocabulaire politique. Avec le début de la guerre civile au Liban, commencée en 1975, apparaît le terme ***libanisation***, utilisé pour décrire un processus de fragmentation politique et de violence sectaire au sein d'un pays. Dans la bande de Gaza, les ***intifadas*** (mot arabe qui signifie littéralement « soulèvement », emprunté en 1987) consistent en des luttes menées sans moyens militaires, et notamment avec des jets de pierres, par les Palestiniens dans les territoires occupés par Israël.

Enfin, l'évolution technologique et militaire a également apporté son lot de néologismes. Le développement des ***avions furtifs*** (avions conçus pour échapper aux radars et autres systèmes de détection ennemis) et l'usage de termes comme ***antisatellite*** « qui s'oppose à l'utilisation militaire de satellites artificiels par l'adversaire » reflètent l'escalade de la guerre technologique, où les capacités de destruction de satellites sont devenues une réalité stratégique. En outre, des termes comme ***I.D.S.*** (sigle pour « initiative de défense stratégique »), popularisée par Ronald Reagan, et ***option zéro***, un concept de désarmement nucléaire, montrent l'importance croissante des stratégies de défense et des négociations de désarmement dans le discours politique des années 1980.

« Cet emprunt linguistique [glasnost] témoigne de la percée surprenante de Mikhaïl Gorbatchev dans l'opinion des États-Unis, deux ans après son arrivée au pouvoir. »

Le Nouvel Observateur, 3 avril 1987.

Blitzkrieg

Emprunt à l'allemand qui désigne une tactique militaire allemande utilisée pendant la Seconde Guerre mondiale, caractérisée par des attaques rapides et puissantes pour désorganiser l'ennemi.

Djihad

Mot arabe signifiant littéralement « effort », souvent interprété comme relatif à une lutte spirituelle intérieure ou, dans certains contextes, comme une guerre sainte pour la défense de l'Islam. Bien que le terme existe depuis des siècles dans l'Islam, il a pris une connotation particulière dans les années 1980, notamment avec le contexte de la guerre soviéto-afghane et la montée des mouvements islamistes.

Narcodollars

Anglicisme formé à partir du préfixe *narco* « narcotique, drogue » et de la base* lexicale « dollar » (unité monétaire des États-Unis). Emprunté en 1981, il s'emploie pour faire référence aux revenus générés par le trafic de drogues, souvent blanchis ou réinjectés dans l'économie légale.

Narcotrafiquant

Mot formé sur la base de « trafiquant » au moyen du préfixe *narco*. Un narcotrafiquant est une personne impliquée dans la production, la distribution et la vente illégale de drogues.

Nomenklatura

Mot russe signifiant « nomenclature » datant du début des années 1980, et qui désigne l'ensemble des personnes occupant des postes clés dans les institutions politiques, économiques et sociales d'un pays, souvent utilisé pour décrire l'élite bureaucratique dans les régimes communistes.

Refuznik

Un refuznik est un citoyen de l'ex-Union soviétique, a priori juif, à qui le gouvernement refusait le droit d'émigrer, notamment en Israël. Étymologiquement, le mot a une consonance russe, mais il est formé à partir du verbe anglais *to refuse*, auquel on a accolé le suffixe russe *-nik*, qui sert à former des noms d'agents.

Médias et star-system

La télévision a connu une transformation majeure avec l'essor des émissions de variétés, des talk-shows et des séries dramatiques qui contribuent à la starification des animateurs, acteurs et invités, redéfinissant la culture populaire.

Sur le plan étymologique, le mot *média* vient du latin *medium*, qui signifie « milieu » ou « moyen ». Mais c'est à l'anglais *media* (pluriel de *medium* en anglais) qu'il est emprunté pour former, lors de cette décennie, de nouveaux mots liés au développement des moyens de communication de masse (radio, télévision, presse écrite). Ainsi, c'est en lien avec la télévision en tant que moyen de communication privilégié que se créent des termes devenus aujourd'hui banals, à l'instar du verbe ***médiatiser*** (1980), de l'adjectif ***médiatique*** (1983) et des noms ***médiatisation*** (1983) puis ***surmédiatisation*** (1986). La liste ne serait pas complète si on omettait d'ajouter des mots comme ***médiascope*** (1983), « appareil qui permet de connaître les réactions et l'appréciation d'un échantillon de téléspectateurs, pendant une émission », ***médiamat***® (1987, nom de marque déposé, qui désigne un système qui permet de mesurer l'audience des chaînes de télévision) ou encore ***multimédia*** (mot apparu en 1980 en français, mais attesté* depuis 1962 en anglais).
Des habitudes particulières liées à la consommation des produits télévisés prennent un relief considérable. On zappe en passant d'une chaîne à l'autre grâce à la télécommande, on suit (ou non) un **talk-show** (emprunt de 1987 à un mot américain de 1965) ou débat-spectacle, parfois des séquences de **téléachat** (1987, de l'anglais *Teleshopping*®), manière de faire ses courses ou son marché devant son écran. Par un effet de miroir, les publicités commerciales renvoient à celles de la télé : « Vu à la télé ! » Les comportements des téléspectateurs, qui permettent d'apprécier la consommation des émissions télévisées et surtout d'évaluer la portée de la publicité, sont d'ailleurs mesurés depuis 1981 grâce à l'**Audimat**®. Si les premiers ***vidéoclubs*** font leur apparition en 1980, régalant les ***vidéastes*** (1982) à la recherche de nouvelles expériences cinématographiques, ce n'est en 1987 que le mot ***prime time*** fait irruption dans notre langue. L'équivalent français officiellement recommandé pour ce dernier terme, « heure de grande écoute », qu'il faudrait abréger en « grande écoute », n'a jamais réussi à le remplacer.

« Condamnés à innover, les "networks" cherchent à séduire la classe moyenne aisée [...] : c'est le réalisme, parfois choquant, des "reality shows". »

Le Monde, 15 janvier 1989.

Le reality show s'invite dans les foyers

Audimat® Nom de marque déposé en 1981. Étymologiquement, le mot-valise* résulte de la combinaison d'*audi(mètre)* et d'*(auto)mat(ique)*. Le mot « audimat » désigne un appareil relié au réseau téléphonique, qui permet de mesurer l'audience des diverses chaînes de radio ou de télévision. Par extension, on appelle « audimat » le système d'évaluation de cette audience.

Sitcom Anglicisme attesté* en français dès 1985, dont les composants sont « situation » et « comedy » (qu'on peut traduire par « comédie de situation »). En français, on appelle *sitcom* toute série télévisée humoristique, comportant des épisodes plutôt brefs (20 à 30 minutes) qui mettent en scène des personnages dans leur vie quotidienne.

Reality show Attesté* pour la première fois en 1989, pour désigner comme aux États-Unis, pays d'où le mot est originaire, un « spectacle (show) de (télé)réalité », en d'autres termes une émission télévisée filmant la vie réelle de personnes, souvent des participants ordinaires, dans des situations variées.

FRÉQUENCE DANS L'USAGE DES MOTS *AUDIMAT®*, *SITCOM*, *REALITY SHOW* ET *ZAPPER*, DE 1980 À 2019**

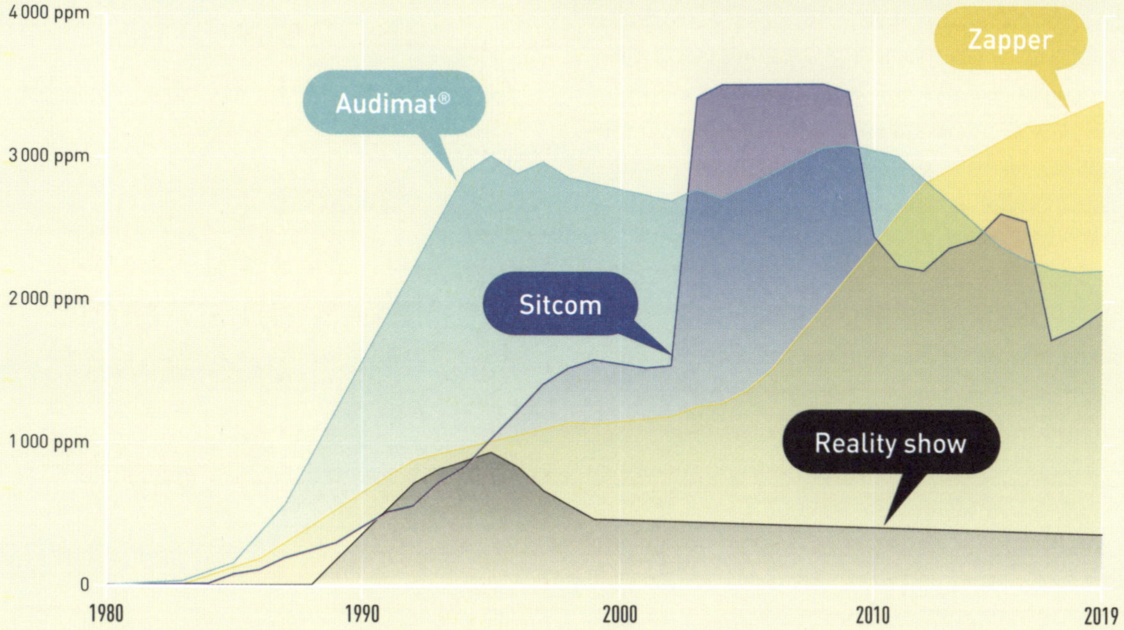

** dans les recherches Google NGram

T'as le look, coco

Le look emblématique des années 1980 est synonyme d'exubérance. Les épaulettes et le fluo s'imposent, avec une abondance d'accessoires ou des pin's pour personnaliser ses tenues.

Le mot anglais ***look***, verbe et nom, qui a des ancêtres communs avec le français *reluquer* a pour sens premier « voir » et « regard », et par extension « allure » ou « aspect ». C'est dans ces acceptions que, au début des années 1980, le français emprunte le terme. D'abord employé dans le langage de la mode, des médias et de la publicité, l'usage de ce monosyllabe qui claque sur la langue s'est étendu à de nombreux autres domaines. Cet anglicisme n'a rien perdu de sa vitalité au fil des ans, alors que de nombreux équivalents français pourraient parfaitement le remplacer : *air*, *allure*, *apparence*, *style* ou encore, plus familiers, *dégaine* ou *touche*. Le « look d'enfer » ou les allusions au tube de 1984 *T'as le look, coco* fleurent bon les années 1980 et 1990, mais « look » est resté courant. On adopte ou on arbore un look, on le soigne, on le cultive, on le travaille ou on décide d'en changer.

Un look des années 1980 est caractérisé par des éléments audacieux, colorés et parfois excentriques. Au hit-parade des accessoires apparus dans cette décennie, et qui ont enrichi notre vocabulaire, figure le **bandana**. Porté sur la tête, autour du cou, ou même au poignet, ce petit carré de coton imprimé tire son nom d'un mot hindi (*bandhnu*), probablement d'abord emprunté par le portugais avant de passer en français.

Autre accessoire incontournable, le pin's, épinglé pour personnaliser des vestes en jean, des sacs, ou même des chapeaux. Les pin's pouvaient afficher des logos de groupes de musique, des slogans ou des dessins amusants. Historiquement, la première attestation du mot remonte à 1988, elle se rattache à l'anglais *pin* « épingle », au pluriel *pins*. Compte tenu du fait que la graphie « pin's » est fautive (elle n'existe pas en anglais), des services de recommandation terminologique ont proposé de le remplacer par « épinglette » (mot en circulation au Québec).

Enfin, il faut rappeler que les années 1980, c'est la décennie du fluo, un adjectif qui désigne une couleur vive. Comme l'adjectif *fluorescent*, dont il est la forme abrégée, le mot se rattache à la racine lexicale *fluor* (qui désigne un minéral naturel), à laquelle on a appliqué l'élément *-escence*, qu'on retrouve dans « phosphorescence ».

Chronologie

1980 Renaud affiche son bandana rouge sur son album « Marche à l'ombre ».

1983 L'agence de mannequins Elite lance un concours annuel intitulé « The Look of the Year ».

17 avril 1985 Jack Lang se fait huer à l'Assemblée pour son costume à col Mao et épaulettes signé Thierry Mugler.

1986 Le joaillier Nicolas Arthus Bertrand lance la mode des pin's lors du tournoi de Roland-Garros. Deux ans plus tard, l'entreprise en fabrique 1 million par mois.

«T'as le look coco
Coco t'as le look
Pas de doute coco
T'as le look qui te colle à la peau.»

Laroche Valmont,
T'as le look, coco, 1984.

Les années 90

C'est sur les sonorités nouvelles de la **techno** et de l'**électro** que s'ouvrent les années 1990 marquées par la montée des inégalités économiques et des **fractures sociales**. Dans ce monde en pleine mutation, la cellule familiale classique fait place à de nouveaux modèles, comme en témoigne notamment le **pacs**. Les innovations numériques bouleversent plus que jamais notre manière de consommer les médias, avec l'avènement des **supports de stockage** modernes et de la musique numérique. La révolution du **téléphone portable** et l'essor d'**Internet** créent de nouvelles habitudes et introduisent des termes autrefois inconnus. Pour s'évader de la Toile, on peut toujours se faire une toile en allant au cinéma voir un **blockbuster** ou un **biopic**, ces termes reflétant l'influence continue de Hollywood sur notre culture. Le Japon exerce toujours une fascination et c'est *via* la popularité croissante des **mangas** qu'elle s'exerce dans cette décennie. Tandis qu'on s'inquiète du contenu de nos assiettes conduisant à des débats passionnés sur la sécurité alimentaire et les **OGM**, l'utilisation du préfixe* « **nano-** » illustre la miniaturisation croissante des technologies. Enfin, l'avenir de l'Europe est en marche avec la consolidation de l'Union européenne et l'introduction d'une monnaie commune, l'**euro,** qui marque cette période de manière significative.

T'as ton phone ?

La téléphonie mobile apparaît dans les années 1980, mais ne se développe réellement que dans la décennie suivante, marquant de façon durable la société comme la langue française.

L'adjectif ***portable*** est aujourd'hui principalement employé pour qualifier, puis pour désigner un téléphone fonctionnant sans fil. Sous ses apparences traditionnelles, le nom est en fait un anglicisme, lui-même emprunté au français : vers 1278, l'adjectif *portable*, dérivé de *porter*, signifie simplement « que l'on peut porter » ; à partir du XVe siècle, il assume également le sens moral de « supportable ». Puis, au XVIIIe siècle, subissant la double concurrence de *supportable* et de *portatif*, il se maintient dans un sens plus restreint, pour qualifier un vêtement « présentable, dont on peut se revêtir en public ». Et c'est en 1939 qu'il connaît une nouvelle vie, réintroduit comme synonyme de *portatif* sous l'influence de l'anglais *portable*. Enfin, il est substantivé en 1949 pour désigner un appareil conçu pour être porté ou transporté, et prend sa signification moderne à la fin du XXe siècle avec le développement de la téléphonie mobile.

Tel un « couteau suisse moderne », le téléphone portable a de nombreux usages. Il fait office d'ordinateur de poche, de baladeur, de moyen de paiement, d'appareil photo et de caméra, de scanner ou de télécommande ; il s'enrichit de centaines d'***applis*** (de l'anglais « applications »). Sa perte est souvent vécue comme un drame par ses propriétaires. Quoique le téléphone soit un outil de communication majeur, le portable fait l'objet de deux grands paradoxes : d'une part, on lui reproche de couper ses utilisateurs de leur environnement immédiat (notamment les adolescents, particulièrement addicts ou accros aux échanges de SMS) ; d'autre part, plusieurs pays francophones ne s'entendent pas sur le nom à lui donner : tandis que les Français ont adopté le terme *portable*, au Canada francophone, on utilise ***cellulaire*** (téléphone *cellulaire*, par allusion aux « cellules » du réseau), quand les Belges préfèrent *GSM*. Et il n'est pas certain que l'anglicisme ***smartphone***, ce « téléphone intelligent » entré dans la langue française en 1993, mette tout le monde d'accord...

Chronologie

1991 France Télécom commercialise le premier portable « dénommé » Bi-Bop.

1992 Lancement du premier réseau GSM par France Télécom, suivi quelques mois plus tard par SFR.

1994 280 000 Français possèdent un abonnement de téléphonie mobile. Ce chiffre est aujourd'hui de 79 millions.

1996 Premiers forfaits destinés au grand public.

1997 Bouygues Télécom sort un service de téléphonie avec des cartes prépayés surnommé « Nomad ».

1997 Création de l'Autorité de régulation des télécommunications pour gérer la concurrence du secteur.

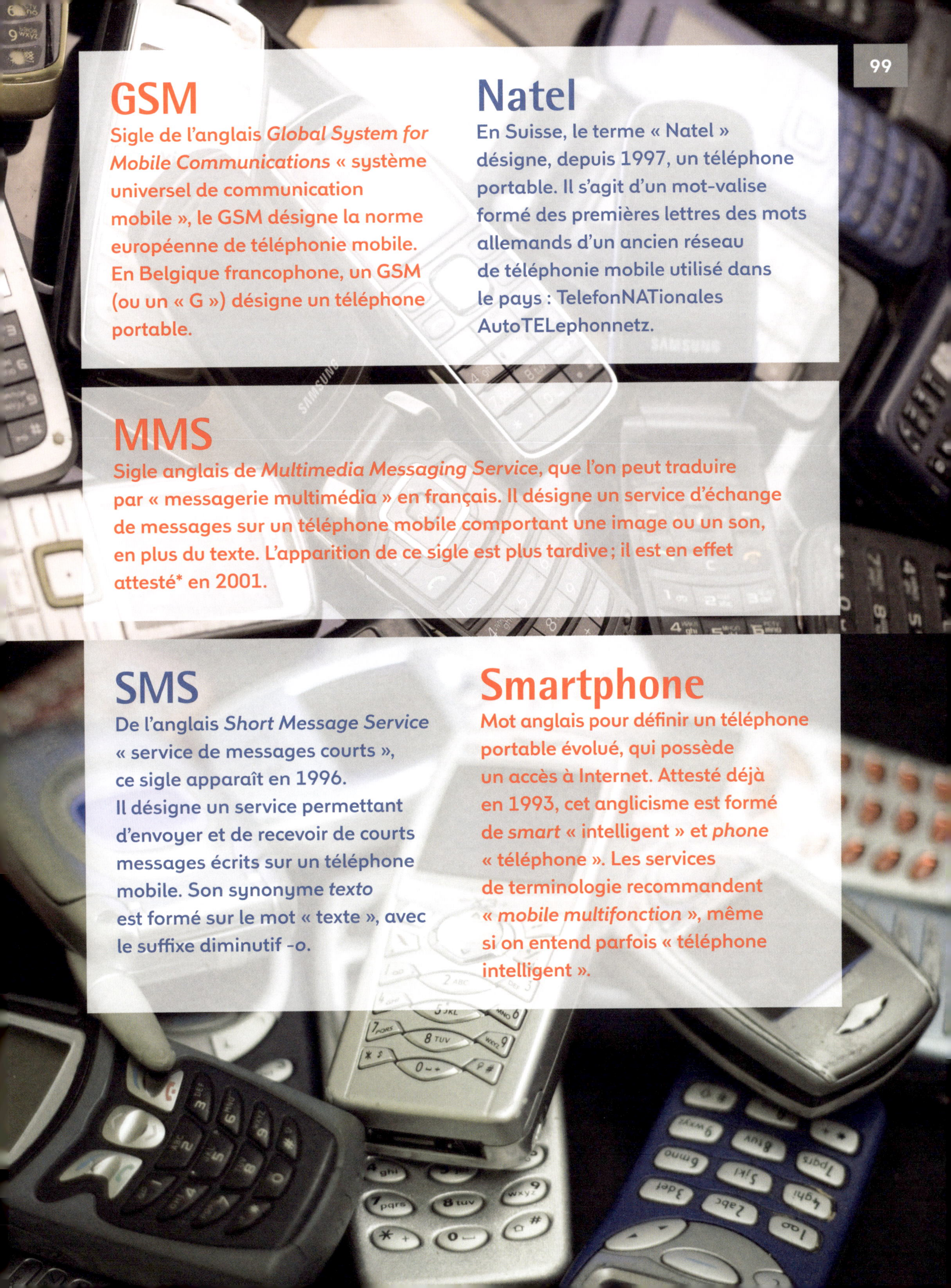

GSM

Sigle de l'anglais *Global System for Mobile Communications* « système universel de communication mobile », le GSM désigne la norme européenne de téléphonie mobile. En Belgique francophone, un GSM (ou un « G ») désigne un téléphone portable.

Natel

En Suisse, le terme « Natel » désigne, depuis 1997, un téléphone portable. Il s'agit d'un mot-valise formé des premières lettres des mots allemands d'un ancien réseau de téléphonie mobile utilisé dans le pays : TelefonNATionales AutoTELephonnetz.

MMS

Sigle anglais de *Multimedia Messaging Service*, que l'on peut traduire par « messagerie multimédia » en français. Il désigne un service d'échange de messages sur un téléphone mobile comportant une image ou un son, en plus du texte. L'apparition de ce sigle est plus tardive ; il est en effet attesté* en 2001.

SMS

De l'anglais *Short Message Service* « service de messages courts », ce sigle apparaît en 1996. Il désigne un service permettant d'envoyer et de recevoir de courts messages écrits sur un téléphone mobile. Son synonyme *texto* est formé sur le mot « texte », avec le suffixe diminutif *-o*.

Smartphone

Mot anglais pour définir un téléphone portable évolué, qui possède un accès à Internet. Attesté déjà en 1993, cet anglicisme est formé de *smart* « intelligent » et *phone* « téléphone ». Les services de terminologie recommandent « *mobile multifonction* », même si on entend parfois « téléphone intelligent ».

Gagas de manga

En France, le manga connaît une popularité croissante grâce à des séries comme* Dragon Ball *ou* Sailor Moon*, diffusées dans le* Club Dorothée*. Cette période marque le début d'une véritable culture manga influençant les jeunes générations.

Employé en français depuis 1991, ce mot transcrit un pluriel japonais, composé de deux éléments, *ga* « image, dessin », et *ma*, plus ambigu, qui renvoie à l'indécis, l'inachevé, l'incertain, l'involontaire… Appliqué au dessin, ce mot correspond à *esquisse*, parfois avec l'idée de fantaisie caricaturale, parfois de maladresse risible. Le manga japonais, dont il est question depuis le XVIIIe siècle, est illustré en 1814 par le recueil d'estampes géniales d'Hokusai, publié jusqu'en 1834, ainsi nommé par lui en raison de leur style, alors que c'est l'idée d'« histoire en images » qui va envahir le terme, en japonais. En 1895, Edmond de Goncourt, grand amateur de cet art, consacre un essai à Hokusai. L'emploi qu'il fait de *La Mangwa* (féminin singulier) est en réalité un nom propre, celui du recueil du grand artiste « fou de dessin ». Cette apparition isolée du mot dans la langue française est sans rapport avec sa reprise dans les années 1990, alors tributaire de l'usage de *manga* en anglais, ce qui l'a fait passer au masculin. Cependant, le sens fut d'abord collectif, traduisant correctement le pluriel japonais, « le manga » désignant un genre graphique d'origine japonaise mais influencé par la bande dessinée européenne et surtout par les « comics » des États-Unis. Le sens correspondant à « une bande dessinée de ce genre » (*un manga*) conduisit immédiatement au pluriel *mangas*, américanisé, alors avec *s* prononcé, puis francisé.
L'histoire des mangas modernes concerne à la fois la bande dessinée et, dans ses origines, la peinture des *emakimono*, rouleaux narratifs peints. Avec l'ère Meiji, à la fin de la décennie 1860, l'influence de la caricature occidentale puis celle des *comic books* se fait sentir et, à la fin du siècle, l'artiste Kitazawa reprend le mot *manga* et emploie le dérivé *mangaka*, « dessinateur de manga ». L'influence américaine, après 1945, est déterminante, le genre conservant pourtant sa spécificité, non seulement dans le style, mais aussi dans le sens de lecture des images, de droite à gauche, ce qui créa des problèmes d'adaptation quand le manga fut importé en Occident. On considère que le manga moderne, au Japon, influencé par le cinéma, date de l'artiste Osamu Tezuka (1928-1989). Depuis, c'est devenu un phénomène culturel et éditorial majeur au Japon, envahissant notamment le cinéma d'animation, et très important en Occident, tant dans le monde anglo-saxon que dans la sphère des langues romanes, en particulier le français.

Chronologie

1990 Création du magazine dédié aux mangas *Mangazone*, suivi en 1991 par *AnimeLand*.

1991 La librairie parisienne Tonkam se spécialise dans les mangas et en édite à partir de 1994.

1993 Glénat publie *Dragon Ball*.

1995 Les éditions Casterman créent une collection intitulée « Manga ».

1995 Sortie du film d'animation *Ghost in the Shell* de Mamoru Oshii.

1997 Diffusion du premier épisode de la série animée *Pokémon : Pocket Monsters*.

1999 Création du salon Japan Expo, dédié à la culture japonaise.

« Prendre le futur de vitesse.
Voilà ce que veut le manga, terme qui,
en japonais, signifie juste
"bande dessinée". »

Libération, 8 septembre 1999.

Une ère de famille

Bien que le pacs représente une avancée importante dans la légitimation des couples de même sexe, il n'accorde pas à l'homoparentalité ou la coparentalité la même reconnaissance légale que le mariage.

Pacs

Le pacs, sigle de *pacte civil de solidarité*, est une institution juridique française qui définit les conditions de vie en commun de deux personnes non mariées. Le mot, qui renvoie également au contrat, entre dans la langue en 1998, tandis que la loi est définitivement adoptée en 1999, non sans avoir fait l'objet de débats houleux. En effet, pour ses détracteurs, principalement des membres d'associations catholiques, cette reconnaissance officielle des couples de même sexe symbolise la destruction de la famille traditionnelle – une députée des Yvelines, farouche adversaire du pacs, ira, bravant le principe de laïcité, jusqu'à brandir une bible en pleine session de l'Assemblée nationale.

Le pacs entérine une évolution des mœurs de la société française, et a ouvert la voie, en 2013, au mariage de couples homosexuels. Portée par la garde des Sceaux Christiane Taubira, cette réforme rencontra également une vive opposition. Si le verbe ***se pacser*** est aujourd'hui parfaitement intégré à la langue, on note dans les premiers temps, en 1999, l'emploi intransitif : « Pourquoi voulez-vous "pacser" ? », demandait ainsi *Libération* à différents couples, le 12 octobre. L'adjectif ***pacsé***, supposant que le verbe est transitif, s'est imposé principalement dans l'expression ***couple pacsé***. Le nom est d'usage plus restreint : si, dans une terminologie administrative, les *pacsés* viennent rejoindre les mariés, le mot ne fonctionne pas dans un contexte plus intime. « Je vous présente mon pacsé » n'est décidément pas entré dans les mœurs… Il est vrai que *compagnon* et *compagne*, plus généraux, font très bien l'affaire.

Coming out

Faire son ***coming out***, ou « sortir du placard », consiste à révéler son homosexualité à son entourage – famille, amis, collègues de travail… – ou à l'annoncer publiquement. *Coming out* est en réalité un faux anglicisme emprunté à une expression anglaise virtuelle, de *to come out*, « révéler » (mot à mot, « venir dehors »). Si *coming out* dans son acception actuelle se lit en 1994, les premières occurrences en français remontent à 1934, année où l'expression « coming out party » a fait quelques apparitions (peut-être à la suite de la sortie d'un film portant ce titre, réalisé par John G. Blystone). Il s'agissait alors d'une référence à un événement mondain, celui de la présentation d'une jeune fille à la haute société – les fameuses débutantes. Homo – ou hétéro –, la sexualité est alors discrète.

« Yep, I'm Gay »

Ellen DeGeneres, couverture du *Time Magazine*, 14 avril 1997.

Deux mamans ou deux papas ?

Le mot « **pacs** » entre dans la langue en même temps que son adoption en 1998.

Le terme « **homoparentalité** » (où l'on reconnaît le préfixe *homo*, du grec *homós* « semblable, pareil », et l'élément *parentalité*), qui désigne la parentalité exercée par un couple de personnes de même sexe, est attesté* également en 1999.

Le terme « **coparentalité** », où le préfixe *co-* (du latin *cum*, « avec ») entre dans la composition de nombreux mots où il indique l'association, la participation), il est un peu plus ancien (1994). Il renvoie à l'exercice conjoint des droits et des responsabilités des parents à l'égard de l'enfant (après une séparation, un divorce).

Le terme « **coming out** » apparaît en 1994, et désigne l'action de révéler publiquement son homosexualité.

FRÉQUENCE DANS L'USAGE DES MOTS *PACS*, *HOMOPARENTALITÉ*, *COPARENTALITÉ* ET *COMING OUT*, DE 1980 À 2019**

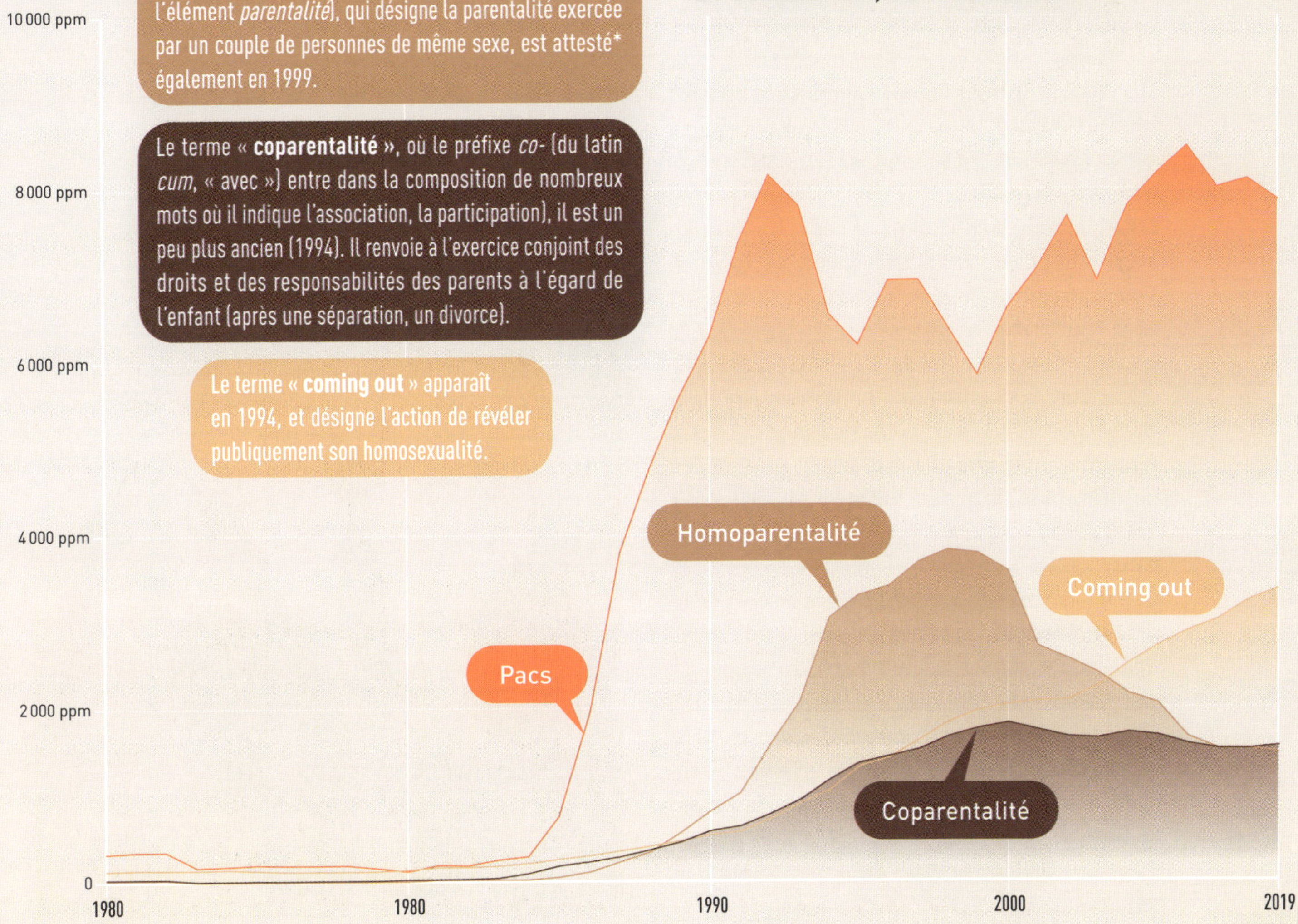

** dans les recherches Google Ngram

Rave de techno

La musique techno, fusion d'influences musicales variées et de sons électroniques innovants, a donné naissance à une nouvelle culture marquée par les raves, des DJ iconiques, et une terminologie unique.

En Angleterre, l'été 1989 résonne au battement sourd et lancinant de cette techno qui fait danser des milliers de jeunes dans des ***rave parties*** (*to rave* signifie « s'extasier », « délirer ») dont le lieu, souvent excentré, est tenu secret jusqu'au dernier moment. La musique qui accompagne ces fêtes sauvages est mixée par des DJ sur leurs consoles et servie par une mise en scène plus ou moins psychédélique (stroboscopes, lasers, machines à fumées, etc.).
Si le psychédélisme et le LSD vont de pair, la techno est plutôt associée à l'ecstasy. Les ***raves***, mot prononcé à la française, comme *rêve* et non pas *rave* (en anglais, ce n'est pas *to rave* mais *to rave up*, qui signifie « faire la fête ») ne sont pas en odeur de sainteté en France : une circulaire ministérielle datant de 1995 les qualifie de « situations à hauts risques » en raison des drogues qui y circulent. Une étude scientifique a même déclaré la techno nocive pour les épileptiques à cause des stimuli sonores et visuels. Cette vague de répression a engendré une augmentation des *teufs* (« fêtes » en verlan*) clandestines, mais aussi la naissance de festivals légaux. Comme toute activité voulue révolutionnaire, la techno s'est assagie.
L'électro rencontre un succès toujours grandissant, notamment grâce à la *French Touch* qui émerge grâce à des DJ à la renommée planétaire – David Guetta, Laurent Garnier – et des groupes comme Daft Punk. Mais en dépit de l'influence de la techno qui culmine dans les technos parades parisiennes, le rock ne s'avoue pourtant pas vaincu : il connaît une nouvelle déclinaison avec l'apparition du grunge, rock alternatif mêlé de punk dont le groupe américain Nirvana est l'emblème. Le flambeau du disco, démodé, est repris par la dance music qui opère la fusion entre la pop et la musique électronique : des refrains répétitifs, un rythme entraînant assurent son succès dans les boîtes de nuit. La Dance Machine est en marche, abondamment servie par les médias de masse.

« Quelques rebelles inventent les raves, ces nuits secrètes loin du capitalisme déchaîné dans des vieux hangars désaffectés. »

Le Nouvel Observateur, 2 novembre 1995.

Malbouffe : les carottes sont cuites

Le contenu de nos assiettes inquiète dans les années 1990 : malbouffe, OGM, vache folle… La sécurité alimentaire se renforce en même temps qu'apparaissent de nouveaux produits issus d'innovations.

Les chercheurs en agrochimie ont doté les plantes de superpouvoirs : résistance aux attaques d'insectes, tolérance aux herbicides sélectifs, supplémentation en nutriments… Les **OGM**, organismes génétiquement modifiés, permettraient d'obtenir de meilleurs rendements. Une version moderne du conte *Jack et le Haricot magique* ? Depuis les années 1990, la polémique fait rage entre les partisans des OGM qui louent ce progrès scientifique et les détracteurs qui dénoncent une innovation dangereuse pour la santé et l'environnement.

Le sigle OGM est entré dans l'usage en 1990 pour désigner un organisme vivant qui a été modifié par transgenèse (mot attesté* en 1989), c'est-à-dire en insérant dans son génome un ou plusieurs nouveaux gènes, afin de lui conférer des propriétés qu'il ne possède pas naturellement. Les OGM sont utilisés pour la recherche et, plus visiblement, l'industrie agroalimentaire. Les modifications génétiques opérées sur des êtres humains ne relèvent pour l'instant que de la science-fiction, à l'instar des superhéros mutants du comics *X-Men*. À partir de 1995, la société américaine Monsanto commercialise des plantes transgéniques (soja, colza et coton), baptisées « Roundup Ready » en hommage à son herbicide auquel elles sont tolérantes. Une opération juteuse pour l'industriel qui vend les semences ainsi que les produits dits *phytosanitaires* (adjectif employé dès 1927 dans l'expression « règlement phytosanitaire »). Les OGM, alternative écologique aux pesticides ? Tout l'inverse de l'effet escompté ! Les insectes et les mauvaises herbes se sont adaptés aux cultures, les exploitants ripostent en recourant de plus en plus aux phytosanitaires. En Argentine, plusieurs millions de personnes vivant à proximité des champs de soja affirment subir les conséquences de l'épandage de pesticides par avion sur leur santé. Quant à la biodiversité, elle serait menacée par la dissémination des OGM et la contamination des cultures traditionnelles et des espèces sauvages.

Chronologie

1990 La Commission européenne légifère à propos de la dissémination volontaire des OGM en fixant des règles précises.
1994 La tomate Flavr Savr, génétiquement modifiée, est commercialisée aux États-Unis.
1995-1997 Monsanto obtient le droit de commercialiser pomme de terre, coton, colza, maïs et soja génétiquement modifiés.
Août 1999 Démontage du McDonald's de Millau par José Bové et des paysans militants.

« En fait, la question n'est pas d'être pour ou contre les OGM, mais pour ou contre le monde qui les produit. »

Caryl Férey,
Les Causes du Larzac, 2000.

Alicament

Mot-valise* formé en 1996 à partir de la combinaison des mots *ali(ment)* et *(médi)cament*. Il désigne un aliment dont la composition a été formulée de manière à avoir un effet positif sur la santé, souvent un produit enrichi : yaourt aux probiotiques, jus de fruits avec des vitamines, lait avec des oméga-3, etc.

Malbouffe

À l'origine, *La Mal Bouffe* est le titre d'un ouvrage de Stella et Joël de Rosnay publié en 1979, et destiné à démontrer l'importance de l'alimentation pour la santé. Le mot *malbouffe* ne se diffuse qu'en 1999. Il désigne alors de la nourriture de qualité médiocre, pouvant nuire à la santé, produite et distribuée par l'industrie agroalimentaire.

Traçabilité

Emprunt adapté de l'anglais *traceability*, formé sur *traceable* « repérable », qui se rattache lui-même au verbe *to trace* « repérer » (de même origine que *tracer*). En français, le mot *traçabilité* est attesté* depuis 1994. Il désigne la capacité à suivre avec précision un produit, de sa production à sa distribution.

Bienvenue@Internet.com

L'essor d'Internet a révolutionné l'accès à l'information et nos interactions sociales de manière irréversible. Des termes spécifiques ont fleuri pour décrire les nouvelles fonctionnalités de ce réseau mondial.

Faire communiquer entre eux les ordinateurs du monde entier, un rêve américain ? En 1968, une agence du département de la Défense des États-Unis spécialisée dans les nouvelles technologies décide de financer le développement d'un réseau informatique, nommé Arpanet. Le 21 novembre 1969, une première communication est établie par des chercheurs entre deux ordinateurs, l'un à l'université de Californie à Los Angeles, l'autre à l'université de Stanford. S'ils se sont fait doubler par les Russes dans la conquête de l'espace, les États-Unis prennent alors leur revanche en inventant l'ancêtre d'Internet.

Internet est un nom propre formé en anglais sur l'élément *inter-* et le nom *net*, « filet » dans le composé *network* « réseau » Il commence à se diffuser en 1974 après la publication d'un article de Vinton Cerf et Bob Kahn, « *A Protocol for Packet Network Intercommunication* ». Son origine viendrait de l'expression *internetworking of networks* « interconnexion des réseaux » qui évoque le mode de fonctionnement d'Arpanet, formé de « nœuds » (serveurs) interconnectés pouvant être détruits sans affecter le transfert des données. Le système se développe de manière exponentielle grâce à l'armée et aux universités états-uniennes jusqu'en 1983, au moment de la création d'un réseau militaire indépendant. C'est alors que le nom *Internet* désigne officiellement, d'abord en anglais puis en d'autres langues, un réseau mondial constitué de millions de réseaux publics et privés (universitaires, commerciaux, associatifs, gouvernementaux...), uniformisé par un protocole de communication unique (la suite TCP/IP2). Au début des années 1990, le grand public se familiarise avec le nom *Internet* au fur et à mesure qu'il en découvre les trois principaux services fondamentaux : le courrier électronique, l'échange de fichiers en « pair-à-pair » (calque* maladroit de *peer to peer*) et le *World Wide Web* (la « toile d'araignée mondiale »), système basé sur les hyperliens facilitant aux utilisateurs, navigateurs métaphoriques sur cet océan (les internautes), la consultation de pages accessibles sur des sites. Cette dernière application, communément appelée le « web » ou la « Toile », est souvent confondue avec le réseau Internet lui-même. Inextricable sac de nœuds, Internet n'est rien de moins qu'une mémoire de l'humanité, une agora mondialisée grâce à l'extraordinaire diversité de ses ressources et l'émergence des « réseaux sociaux ».

« Avec une souris, d'un clic vous surfez de site en site. Il en existe plus de 21 000. »

Le Nouvel Observateur, 9 novembre 1995.

ADSL

Technologie de connexion Internet haut débit utilisant les lignes téléphoniques (de l'anglais *Asymmetric Digital Subscriber Line* « ligne d'abonné numérique asymétrique »).

Arobase

Symbole « @ », utilisé principalement dans les adresses e-mail.

Avatar

Représentation graphique ou image d'un utilisateur dans les environnements virtuels.

Cookie

Petit fichier stocké sur l'ordinateur par un site web pour conserver des informations sur l'utilisateur.

FAQ

Liste de questions fréquemment posées avec leurs réponses, souvent trouvées sur les sites web, (de l'anglais *Frequently Asked Questions*, traduit par « foire aux questions »).

Internaute

Personne qui utilise Internet pour naviguer et interagir en ligne.

Portail

Site web offrant un point d'accès unique à divers services et contenus en ligne.

Tchat

Communication instantanée par texte entre plusieurs utilisateurs en ligne.

URL

Adresse web utilisée pour localiser une ressource sur Internet (de l'anglais *Uniform Resource Locator* « localisateur uniforme de ressource »).

Web

Système de documents hypertextuels accessibles *via* Internet (de l'anglais « toile »).

Webcam

Caméra connectée à un ordinateur permettant de diffuser des images vidéo en direct sur Internet.

Tout est nano dans notre vie

Bien que les technologies « nano » aient été développées massivement à partir des années 1980, c'est à partir de 1991 que le mot « nanotechnologie » s'est popularisé, donnant naissance à une myriade de termes dans le domaine des sciences.

Aujourd'hui, alors que les nains, qui par ailleurs continuent à peupler nos légendes et jardins, sont devenus, pour écarter les connotations déplaisantes, des personnes de petite taille, le préfixe *nano-* connaît un succès foudroyant dans les domaines scientifique et technique.

Dans le lexique des unités de mesure, ce préfixe issu du mot latin signifiant « nain », symétrique du *giga-* qui, lui, vient du mot grec signifiant « géant », a permis de désigner des grandeurs très petites, de l'ordre du milliardième de l'unité de base (10-9). Il a été confirmé en physique en 1960, s'ajoutant aux préfixes *milli-* et *micro-* (un millionième, 10-6). C'est ainsi que la nanoseconde, le nanomètre (1966), équivalent à un milliardième de seconde ou de mètre. Depuis les années 1990, *nano-* permet de désigner une particule ou un matériau dont les éléments se mesurent entre 1 ou 100 nanomètres : une nanoparticule se mesure en cotes qui ne dépassent pas le dix-millionième de mètre.

Soucieuse de s'inscrire dans le mouvement de miniaturisation qui, depuis une cinquantaine d'années, a profondément modifié notre vie quotidienne en réduisant l'encombrement des instruments de travail, des outils de la biologie, de la chirurgie, de la découverte spatiale ou celle des archives, la nanotechnologie (1992), qui n'est pas une étude minuscule de la technique, comme elle devrait l'être, mais une technique des très petits matériaux, se lance à la recherche de procédés permettant de développer et d'automatiser les capacités d'objets techniques minuscules. La médecine, l'informatique et la consommation de musique ou d'images en profitent.

Mais l'investigation scientifique, considérant d'autres aspects que la dimension quantitative, donne au préfixe d'autres pouvoirs. Ainsi, les **nanosciences** (1996) observent les différences de nature, de comportement et de propriétés de la matière à l'échelle nanométrique, découvrent l'éventuelle nocivité de tel **nanomatériau**, s'interrogent sur l'élimination et le recyclage des objets issus des **nanotechnologies**. De ce fait, elles rejoignent les interrogations sur les limites et les paradoxes de la maîtrise du monde et de la matière par l'être humain. Cependant, l'ordre de grandeur des nano-, 10-9, n'a rien à voir avec celui des particules élémentaires de la physique quantique. Ainsi, la masse des protons et des neutrons est de l'ordre 10-27, celle de l'électron 10-31. Un autre univers.

De ce vertige, qui aurait peut-être conduit un Voltaire de notre temps à intituler son conte philosophique *Nanogigas* et non plus *Micromegas*, l'humour et la dérision nous reposent parfois. Ainsi, des opposants russes malicieux n'ont-ils pas naguère surnommé Dmitri Medvedev, président de Russie de 2008 à 2012, homme de taille modeste autant que collaborateur zélé de Vladimir Poutine, le nanoprésident, plus petit encore que les mini- et les microdirigeants qui nous gouvernent.

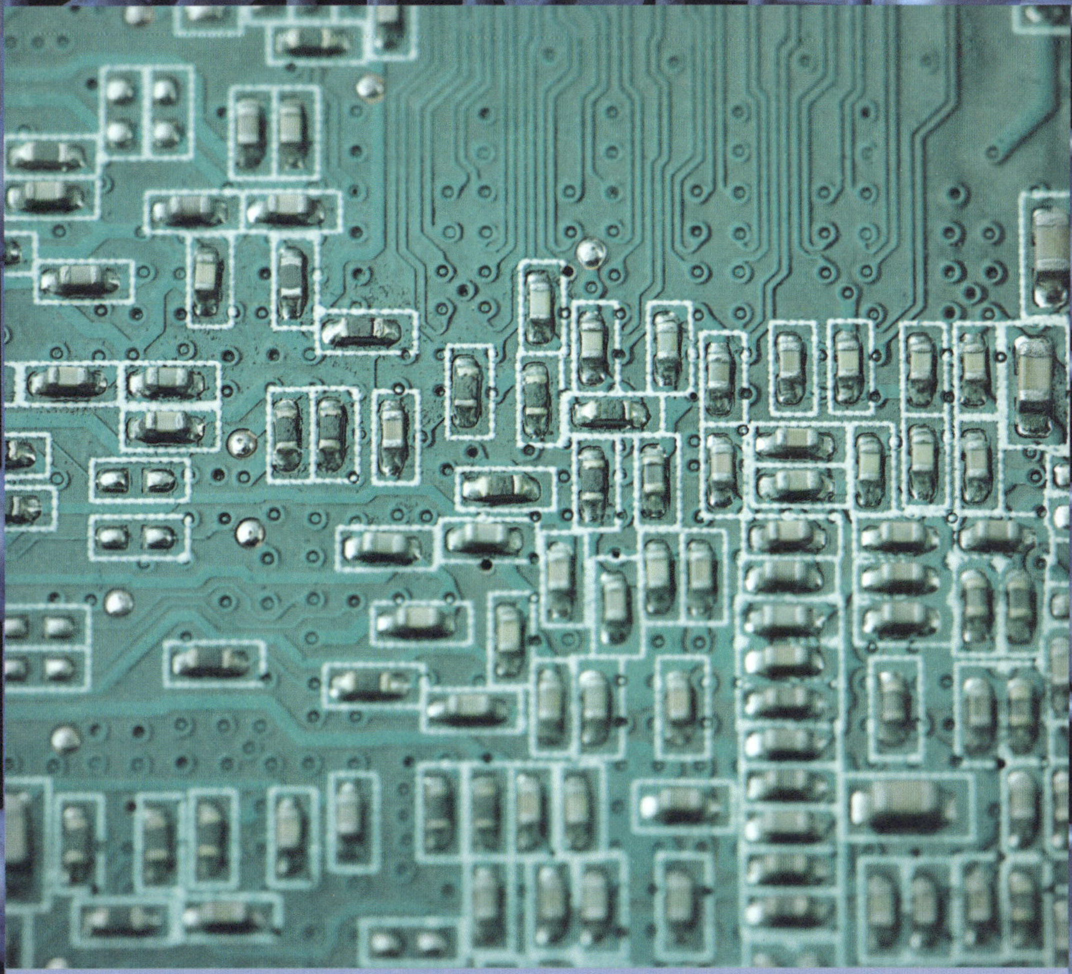

« Quand on interroge les scientifiques, la réponse est presque unanime : les ordinateurs seront les premiers bénéficiaires des technologies du nanomètre. »

Le Monde, le 14 avril 1999.

Supports numériques, en veux-tu en voilà

Les supports de stockage numérique ont évolué de manière spectaculaire. Ils ont transformé notre manière de consommer les médias et de sauvegarder nos données en entraînant une prolifération d'anglicismes* et de calques* dans la langue française.

DVD

Le **DVD** (*Digital Versatile Disc* ou *Digital Video Disc*, soit « disque numérique à usages multiples » en français) ou DVD-ROM (où ROM est l'acronyme* de *Read Only Memory* « mémoire à lecture seule ») est un support de stockage numérique introduit au milieu des années 1990. Imaginé pour remplacer les cassettes VHS, il permettait de stocker des fichiers cinq fois plus gros que ceux qui tenaient sur des CD et offrait une qualité supérieure d'image et de son. À son apogée, il a révolutionné l'industrie du cinéma et du divertissement à domicile, à témoin l'apparition des premiers ***home cinémas*** (anglicisme formé à partir de *home* « maison » et *cinema* « cinéma »). En 2002, les disques Blu-ray, marque déposée en 2002 formée avec *blue* « bleu » et *ray* « rayon », nommée ainsi à cause de la couleur proche du bleu du rayon laser exploité, tendent à remplacer les DVD. Cependant, le produit reste encore le support privilégié de certains films, jeux et logiciels.

MP3

Le format **MP3** (sigle anglais, de *MPeg-1 audio layer 3*, de *Moving Picture Experts Group*, c'est-à-dire « comité d'experts audio et vidéo ») est une norme de compression audio qui a bouleversé la manière dont la musique est distribuée et consommée à partir de la seconde moitié des années 1990. Le format MP3 est un codec, abréviation de « coder-décoder » ou « compression-décompression », apparu en 1988, qui désigne un dispositif ou programme informatique permettant de compresser et décompresser un signal numérique. Il a démocratisé la musique numérique, son stockage sur des appareils portables (qu'on appelle ***baladeurs MP3***), et a permis le partage des fichiers musicaux facilement en pair-à-pair (calque maladroit de l'anglais *peer to peer*). Le MP3 a joué un rôle crucial dans le passage de la musique physique (CD, cassettes) à la musique numérique.

USB

L'**USB** (acronyme anglais qui signifie *Universal Serial Bus*, mot à mot : « bus universel en série ») est une norme industrielle pour les connexions de câbles, les communications et les alimentations entre les ordinateurs et les périphériques. Introduit dès 1995, l'USB standardise les connexions entre les appareils électroniques, facilitant leur utilisation. Il a évolué à travers plusieurs versions, chacune offrant des vitesses de transfert de données plus élevées et une meilleure efficacité énergétique. Les clés USB ont également popularisé le stockage portable de données, rendant obsolètes les disquettes, les CD puis les DVD.

DVD Avec l'avènement des technologies de streaming et des disques Blu-ray, l'usage des DVD a décliné.

MP3 Bien que des formats audio plus avancés comme AAC et FLAC aient émergé, le MP3 reste un standard largement utilisé pour les fichiers musicaux.

USB Il a transformé la connectivité des appareils électroniques, permettant une commodité sans précédent. Les nouvelles versions, comme l'USB-C, offrent une vitesse et une polyvalence encore plus grandes, consolidant la position de l'USB comme la norme de facto pour les connexions et les transferts de données.

FRÉQUENCE DANS L'USAGE DES MOTS *CD-ROM*, *DVD*, *MP3* ET *USB* DE 1980 À 2019**

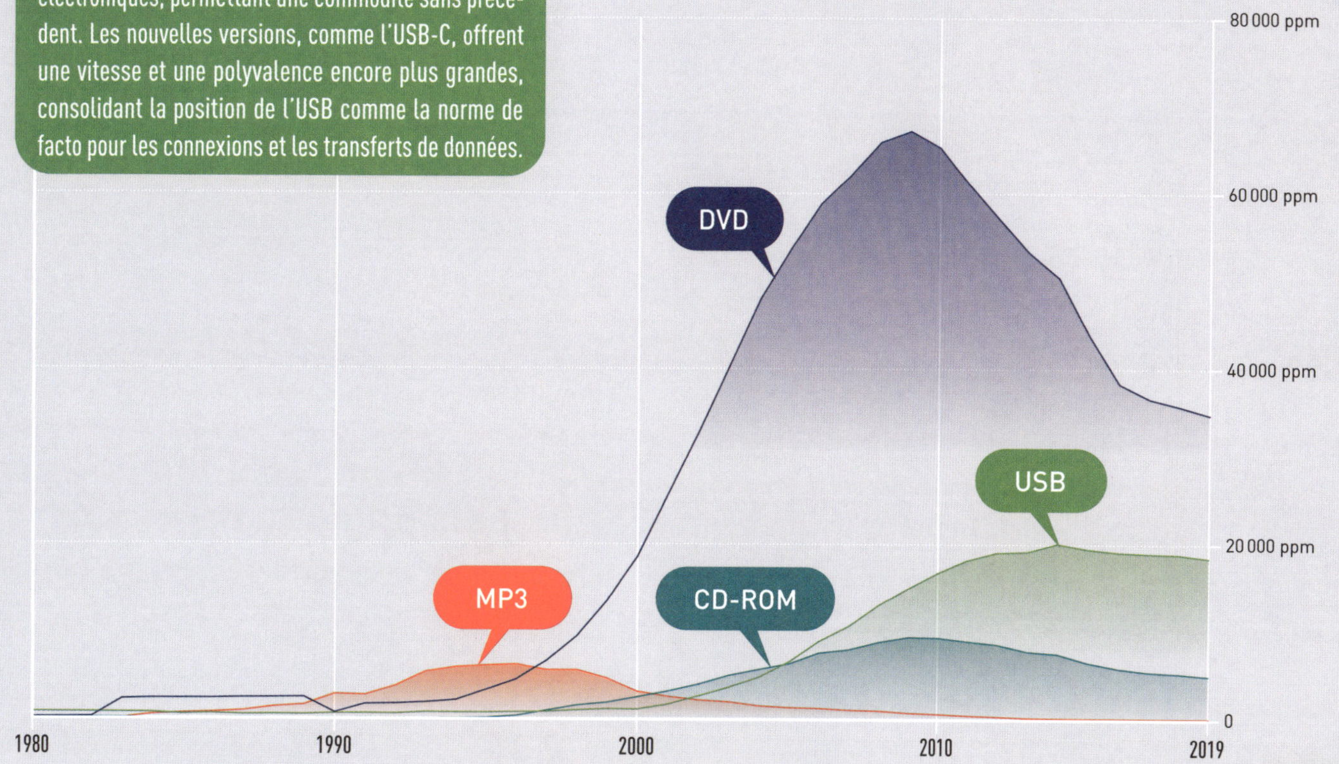

** dans les recherches Google Trends

Tout un cinéma

L'intégration de termes cinématographiques dans la langue au cours des années 1990 est un témoignage de l'influence persistante du cinéma américain sur la culture française.

Dans les années 1980 et 1990, plusieurs mots désignant des genres cinématographiques spécifiques font leur apparition. *Road movie* apparaît en anglais en 1969 avec la sortie d'*Easy Rider* de Dennis Hopper et en français en 1984. De *road* « route » et *movie* « film », le « film de route » raconte un périple motorisé. L'archétype du *road movie* se situe dans les grands espaces de l'Ouest nord-américain. À travers le récit d'une errance, ce genre de récit filmé a souvent une visée idéologique et critique des travers de la société contemporaine.

Biopic est un autre américanisme, peut-être plus courant dans le vocabulaire des critiques de cinéma que dans celui du public. Mot-valise* apparu vers 1951 aux États-Unis et passé en 1992 en français, il est formé de *bio(graphical)* et *pic(ture)*, « film biographique ». Le genre retrace la vie d'un personnage réel et célèbre, qui a marqué son époque. De Truman Capote à Coco Chanel, de Martin Luther King à Nelson Mandela en passant par Édith Piaf ou Abraham Lincoln, chaque année apporte son lot de films portraits, parfois consacrés à des personnalités encore vivantes.

Depuis 1995, on parle de ***blockbuster*** pour désigner un film à très gros budget, accompagné d'une publicité intense et ouvertement destiné à générer d'énormes profits. Le terme s'applique en général à des superproductions hollywoodiennes : pour n'en citer que quelques-unes, *Star Wars*, *Jurassic Park* ou *Avatar* (premier film en 3D) font partie de celles qui ont franchi des records en termes de budget, de recettes et de succès au ***box-office*** (encore un anglicisme, mais plus ancien, attesté* dès 1950). En France, on a proposé *grosse machine* mais ce terme n'a visiblement pas convaincu les cinéphiles, *superproduction* le remplace imparfaitement. Le mot apparaît en anglais américain en 1957 dans le milieu du théâtre ; il est formé de *block* « ensemble bâti entre deux rues », et de *buster*, dérivé de *to bust* « faire exploser », l'idée est celle de la « bombe » commerciale qui fait exploser le marché. *Blockbuster* a d'abord désigné des films réalisant de gros succès en nombre d'entrées puis une production très coûteuse, même en cas d'échec financier. Des sommes astronomiques sont consacrées à la promotion de ces films et les produits dérivés qui accompagnent leur sortie accroissent les recettes des films eux-mêmes. Sans souci d'originalité, l'industrie cinématographique produit des suites de films à succès. Ces films portent le même titre que l'opus original flanqué d'un numéro.

« C'est en effet un film [*Le Destin* de Youssef Chahine] en costumes, un "biopic" en anglais, ou une hagiographie, comme on le dirait plutôt dans notre langue. »

Libération, 16 mai 1997.

Multiplexe

(de *multi-*, « plusieurs » et *complexe*, « qui comprend plusieurs éléments)
Complexe cinématographique de plusieurs salles de projection sous un même toit, proposant ainsi une grande variété de films à différents horaires, et offrant une meilleure flexibilité et un choix plus large aux spectateurs.
Le premier multiplexe a ouvert ses portes en 1993, marquant une évolution majeure dans l'industrie du cinéma.

Home cinéma

Apparu en 1995, cet anglicisme, qui signifie littéralement « maison cinéma », fait référence à un ensemble d'équipements électroniques permettant de recréer une expérience cinématographique de haute qualité chez soi.
Il comprend généralement un grand écran de télévision, un lecteur de DVD ou de Blu-ray, un système audio puissant, et parfois des sièges confortables.

LCD

Le terme anglais *Liquid Crystal Display* « écran à cristaux liquides » est une technologie d'affichage mise au point en 1995, qui utilise des cristaux liquides pour produire des images. Les écrans LCD, devenus courants, ont progressivement remplacé les écrans cathodiques.

Streaming

Ce mot anglais définissant un flux est formé sur le verbe *to stream* « couler ». Il est attesté en français dès 1998 et désigne une méthode de transmission de données audio et vidéo en continu sur Internet.

VOD

Les services de VOD (*Video on Demand*, en anglais), ou vidéo à la demande, ont commencé à émerger au début des années 1990 avec l'avènement des technologies numériques et de l'internet. La VOD est un service qui permet aux utilisateurs de choisir et de regarder des vidéos quand ils le souhaitent.

Fracture sociale

La fracture sociale a mis en évidence les défis structurels auxquels la société est confrontée. Les nombreux néologismes* de cette décennie illustrent les aspects cruciaux liés aux tensions de cette époque.

L'expression « **fracture sociale** » a été popularisée en France par Jacques Chirac lors de la campagne présidentielle de 1995. Elle est étroitement associée à la montée des inégalités économiques qui ont déchiré la société au début des années 1990. Elles se sont traduites par une précarisation de l'emploi, la marginalisation de certaines franges de la population (notamment dans les banlieues et les zones rurales) et la détérioration de certains services publics. Comme autant de stigmates de cette fracture sociale, de nombreux néologismes ont alors vu le jour.

Sur le plan des acronymes* et des sigles, on peut citer le sigle *C.E.S.* (contrat emploi-solidarité), créé en 1990, qui désigne une solution en vue de réintégrer les chômeurs dans le marché du travail. En 1981, des réseaux dans les écoles sont mis en place afin de renforcer l'échec scolaire donnant naissance à l'acronyme *ZEP* (zone d'éducation prioritaire), remplacé par les *REP* (réseau d'établissements prioritaires) en 1998, avec le même objectif.

Des dérivés font également leur apparition comme en 1998, le verbe ***dégraffiter*** et le nom ***dégraffitage*** – tous deux construits sur *graffiti*, avec le préfixe *dé-*, qui indique une action contraire. Ils font écho à des activités de nettoyage de graffitis réalisées par les mairies et symbolisent les efforts pour améliorer l'environnement urbain et, indirectement, les conditions de vie des habitants des zones affectées par la fracture sociale. La même année, la droite politique s'empare du mot ***sauvageon***, dérivé sur *sauvage* au moyen du suffixe* diminutif *-on*, qu'elle utilise de manière péjorative pour stigmatiser les jeunes de banlieues perçus comme des délinquants. À la même période, le mot ***tournante*** (probablement construit métaphoriquement sur le verbe *tourner*, qui signifie, dans son sens argotique, « passer un joint d'un fumeur à l'autre ») devient malheureusement courant. Ce terme, pour décrire les viols en réunion, est largement utilisé dans les discussions sur la criminalité dans les quartiers défavorisés. Des composés mettent en lumière les violences exacerbées par les conditions de vie difficiles liées à la fracture sociale. C'est le cas de ***mal-logement***, attesté* dès 1990, qui met en avant l'existence de logements insalubres, affectant les populations les plus vulnérables ; mais aussi de ***microcrédit***. Bien que plus associé aux pays en développement, le microcrédit a commencé à être reconnu dès 1995 comme une solution potentielle pour aider les personnes économiquement marginalisées à lancer de petites entreprises.

Chronologie

5 août 1992 Institution d'une loi offrant aux entreprises 30 % d'abattement de cotisations sociales pour les emplois à temps partiel.

1995 80 % des embauches sont des contrats à durée déterminée.

1999 5 millions de Français vivent dans des zones urbaines sensibles.

1994 Le chômage touche 10,7 % de la population contre 8 % en 1990.

1996 16 % des Français occupent un poste à temps partiel.

1999 Un million de personnes sont érémistes.

« Les jeunes "n'ont plus de repères", ils sont dépourvus de "perspectives d'avenir", a estimé le ministre [Jean-Pierre Chevènement], avant de stigmatiser "des petits sauvageons" qui vivent dans le virtuel. »

Le Monde, 12 mars 1998.

Un euro événement

Au fur et à mesure du renforcement de la construction européenne, le préfixe euro- gagne en productivité jusqu'à devenir un nom commun pour désigner la monnaie unique du Vieux Continent.

Depuis le début de ce millénaire, l'***euro*** a remplacé le franc, tant français que belge, le franc suisse lui échappant, et est devenu la monnaie commune européenne. En usage pour les transactions financières dès 1999, il a été mis en circulation au début de l'année 2002. Plus besoin de faire de savants calculs pour convertir les lires en francs ou les drachmes en pesetas : les Européens, à l'exception des Suisses et de quelques autres, partagent une même devise. Le nom qui devait initialement être donné à cette monnaie était « ECU », acronyme* de l'anglais *European Currency Unit* (unité de compte européenne) et mot chargé d'histoire pour les francophones qui souhaitaient l'orthographier *écu*. Mais le chancelier allemand Helmut Kohl a fait valoir que le mot était trop proche de *die Kuh*, « la vache » ! C'est l'espérantiste belge Germain Pirlot qui a proposé, en 1995, le mot *euro*, forgé sur le radical* d'*Europe*. L'enjeu était de taille : il fallait un mot qui puisse être utilisé dans toutes les langues de la zone concernée, celle qu'on appelle justement la ***zone euro***. Un centième d'euro est un ***cent*** ou, selon la terminologie française officielle, un *centime*. On peut noter qu'unifié à l'écrit, le mot conservait des facettes différentes selon les langues (*eu-* en français, *eou* en italien, *iou* en anglais et en allemand), l'anglais déclarant forfait en 2017.

En dehors de son aspect monétaire, l'élément *euro-* est employé pour former des termes désignant des réalités apparues avec la construction européenne de l'« Union ». Un député élu au Parlement européen est appelé **eurodéputé**. *Eurocentrisme* ou encore ***eurosceptique*** et ***euroscepticisme*** sont forgés selon le même principe. Quant à *Eurovision*, il s'agit d'une abréviation de *Union européenne de radio diffusion et de télévision*, qui désigne l'émission simultanée de programmes télévisés dans plusieurs pays d'Europe, comme le concours Eurovision de la chanson qui voit s'affronter autour d'une compétition musicale les représentants de pays de ce « vieux continent ».

Chronologie

1979 Création du système monétaire européen (SME).

1992 Signature du traité de Maastricht lançant l'Union économique et monétaire (UEM).

1994 Création de l'Institut monétaire européen (IME) chargé de renforcer la coopération entre les banques centrales nationales et de préparer le passage à l'euro.

1995 Choix du mot « euro » pour la monnaie unique de l'Europe au Conseil de Madrid.

1998 Création de la Banque centrale européenne qui met ainsi fin à l'IME.

1999 Adoption de l'euro pour les 11 États membres.

2002 Les pièces et monnaies entrent en circulation.

« C'était un soir d'été.
Florence et Nadia étaient sorties.
Cela avait coûté 790 francs
à la première, et environ
243,92 euros à la seconde. »

Alain de Libera,
Morgen Schtarbe, Flammarion, 1999.

Les années 2000

Geek, hipster, bobo… Dans les années 2000, des tribus voient le jour, tout comme un engouement pour une nouvelle forme de cuisine plus décomplexée, que ce soit la **bistronomie** ou la **Slow Food**. Une chose est sûre, toutes et tous communiquent d'une nouvelle manière, que ce soit par le biais de l'**internet 2.0**, web dit « participatif », car il coïncide avec l'arrivée des réseaux sociaux dont l'encyclopédie **Wikipédia**® est un bon exemple ; ou *via* le florilège de textos que l'on s'envoie, popularisant le **langage SMS**. Le vocabulaire des adolescents et des jeunes adultes s'enrichit de **mots d'origine arabe**, témoignage d'un métissage culturel et de l'influence des banlieues. L'état de notre planète, que ce soit sur le plan écologique, politique ou social, fait émerger des mouvements comme l'**altermondialisme**, auquel adhèrent de nombreux jeunes. Pour se détendre, rien de tel que d'opter pour ces nouvelles activités sportives dans la mer sur un **paddle**, ou en pratiquant le **longe-côte** ou, plus physiques, sur Terre, avec **le parkour**. Et si l'on ne veut pas se fatiguer, on peut plus tranquillement jouer au **sudoku** ou au **mölkky**, tout en tirant sur ses **e-cigarettes**.

Jeux et évasion

Dans les années 2000, de nouveaux jeux apparaissent pour tous les goûts : du géocaching, au jeu de plage avec le mölkky®, en passant par le jus de crâne avec le sudoku.

Originaire du Japon, le ***sudoku*** est un jeu de logique où l'on doit remplir une grille de 9 × 9 cases avec des chiffres de 1 à 9, chaque chiffre ne pouvant apparaître qu'une seule fois par ligne, par colonne et par sous-grille de 3 × 3. À l'origine utilisé comme un nom de marque (du japonais *sûdoku*, forme abrégée de *sûji wa dokushin ni kagiru* « les chiffres (*sûji*) doivent être solitaires (*dokushin*) »), le mot entre dans la langue française en 2005. Notons que les médias font appel à des verbicrucistes pour créer des mots croisés afin de régaler les cruciverbistes (joueurs de mots croisés). On appelle en revanche les joueurs de sudoku des ***sudokistes*** !

Non, le ***mölkky*** (prononcez [meulku]) n'est pas un modèle de meuble de la marque suédoise Ikea®, mais une variante d'un jeu traditionnel finlandais. Il se compose d'une douzaine de quilles numérotées, qu'il faut renverser selon un système spécifique pour atteindre un total de cinquante points. Alors qu'il gagnait en popularité dans les pays nordiques dans les années 2000, c'est au cours de l'année 2015 qu'il devient vraiment populaire en France. La raison de son succès tient probablement au fait que ses règles simples combinent stratégie et hasard. Historiquement, le mot a été inventé par le développeur du jeu en 1996. Il a sans doute été inspiré par le mot *pölkky*, qui signifie en finlandais « bloc de bois ». Le jeu est aujourd'hui pratiqué par des joueurs de tous âges et de toute classe sociale, même si, au départ, il a été considéré comme un jeu de *bobo*. Petite digression : ce mot créé à partir de *bourgeois* et *bohemian* « bohème » désigne une personne urbaine, généralement aisée et éduquée, ayant des valeurs progressistes et un style de vie décontracté et alternatif. Le ***géocaching*** est une activité de plein air où les participants utilisent des appareils GPS pour trouver des « caches » dissimulées par d'autres joueurs. Le mot est formé à partir de l'anglais *geocaching*, avec le préfixe *geo* « Terre » et la base* lexicale *cache*, pour parler d'un objet ou d'un trésor caché. Depuis son introduction en France au début des années 2000, le géocaching a transformé les balades en véritables chasses au trésor, stimulant la curiosité et l'esprit d'aventure. Le géocaching demeure moins populaire que les ***jeux d'évasion***, la traduction officielle et recommandée pour « **escape games** », dont l'attractivité explose à partir de 2015. Le but étonnant est de se laisser enfermer dans une pièce à plusieurs pendant un temps imparti et de tenter de s'en échapper en résolvant des énigmes, sous le regard d'un responsable qui s'assure du bon déroulement de la séance.

E-sport

Anglicisme qu'on peut traduire par « sport électronique » où la lettre e représente l'adjectif *electronic*, comme dans *e-mail* ou *e-cigarette*.
Il désigne un ensemble de compétitions de jeux vidéo organisées à un niveau professionnel, souvent avec des tournois, des ligues et des prix en argent.
On appelle *e-sportifs* (ou *e-sportives*) les joueurs ou joueuses professionnelles qui participent à ces compétitions de jeux vidéo, souvent en équipe.

Escape room

Désigne le même jeu que l'escape game avec *room* pour « pièce d'une maison » en anglais.

Réalité virtuelle

Traduction de l'anglais *virtual reality* (souvent abrégé en VR), la réalité virtuelle est une technologie immersive simulant un environnement en 3D, et dans lequel l'utilisateur interagit comme s'il y était physiquement présent.

Rétrogaming

Cet anglicisme formé à partir du préfixe *rétro-* « ancien », « qui s'inspire du passé », et de *gaming* « relatif au jeu », renvoie à une pratique de jeux vidéo anciens ou classiques, souvent sur des consoles ou des ordinateurs d'époque.

Webdocumentaire

Mot composé* des éléments *web* (relatif à Internet) et *documentaire*.
Le webdocumentaire est un documentaire interactif conçu spécifiquement pour être diffusé sur le web, et qui permet aux utilisateurs d'explorer le contenu de manière non linéaire.

Webtoon

Attesté* dès 2011, il s'agit d'un anglicisme coréen qui résulte de la combinaison de deux mots anglais, *web* « internet » et *(car)toon* « dessin ».
Un *webtoon* consiste en une bande dessinée sud-coréenne publiée en ligne.

Casser la croûte ou la tirelire ?

Un nouveau mouvement s'ouvre aux Français adeptes de bonne chère dont la bourse n'est pas forcément à la hauteur des tarifs de la gastronomie, surnommé « bistronomie ».

La **bistronomie**, c'est la gastronomie qui s'invite au bistrot. Ce mot-valise*, apparu au début des années 2000, désigne un concept à l'origine parisien mais qui a essaimé, au moins en France, bien au-delà de la capitale. Cette version simplifiée et démocratisée de la gastronomie est née dans un contexte économique où l'on hésite à dépenser des centaines d'euros pour un moment de volupté culinaire. La bistronomie propose une cuisine inventive de qualité, mais servie dans une ambiance « bistrot », autrement dit moins solennelle, plus conviviale, et surtout à des prix plus abordables. La gastronomie est « l'art de la bonne chère », et l'expérience gastronomique accorde autant d'importance au contenu de l'assiette qu'au décor et au service. La bistronomie se débarrasse du service des restaurants classiques, de l'argenterie et des verres en cristal, et par la même occasion, des prix exorbitants.
Le mot *bistrot* (ou *bistro*) qui a engendré la bistronomie désigne une institution typiquement française. Oui, mais laquelle ? En effet, le sens de bistrot a beaucoup évolué au cours des siècles.
Le premier sens attesté* de *bistrot*, à la fin du XIXe siècle dans le nord de la France, est celui de « cabaretier », puis ce sens vieillit pour laisser la place à celui de « petit café, généralement modeste ». Le mot devient symbole du petit café à la française avec son comptoir en zinc auquel il fait bon s'accouder et sa terrasse où l'on s'attarde.
Aujourd'hui plusieurs sens cohabitent, *bistrot* désigne couramment un petit café convivial, le *bistrot du coin*, mais depuis les années 1980, le mot peut désigner un restaurant d'apparence simple mais pas nécessairement bon marché. On est bien loin du bistrot chanté par Brassens dans sa chanson éponyme*, « L'est un vieux *bistrot*,/ Tenu par un gros/Dégueulasse »...L'origine du mot *bistrot* reste obscure mais plusieurs hypothèses sont savoureuses. On aime raconter que notre *bistrot* viendrait du russe *bystro*, « vite », les cosaques occupant Paris en 1814 ayant eu l'habitude de crier ce mot pour être servis rapidement au cabaret. Cette hypothèse, aussi amusante soit-elle, est une fausse piste car le mot français est plus tardif et la prononciation du russe aurait donné autre chose qu'un *i*. *Bistrot* a été rapproché du poitevin *bistraud* qui désignait un petit berger. Une autre hypothèse le rattache à *bistingo*, « cabaret ». Enfin, on a évoqué une parenté avec *bistouille*, synonyme de « mauvais alcool », et en Belgique et dans le nord de la France de « café mêlé d'eau-de-vie ».
Le prestige du bistrot est allé croissant depuis l'apparition du mot à l'extrême fin du XIXe siècle et il a mis plus de cent ans pour acquérir de véritables lettres de noblesse avec le concept de bistronomie.

Fooding

De l'anglais *food* « nourriture » et *feeling* « sentiment », ce mouvement fondé au début des années 2000 se base sur une gastronomie plus détendue, plus fun. Il est désormais une marque déposée.

Slow Food

Le mouvement Slow Food « nourriture lente » a été créé en Italie en 1986, en opposition au Fast Food, pour une alimentation plus respectueuse de l'environnement. C'est en septembre 2007 que la première journée Slow Food est organisée en France, lançant du même coup la mode de ce néologisme*.

Food-truck

De l'anglais *food* « nourriture » et *truck* « camion », le camion-restaurant mobile existe depuis des décennies, en attestent les fameuses baraques à frites du nord de la France pour n'évoquer que ce type-ci. Dans les années 2000, les food-trucks se multiplient et poussent tant et si bien que le mot entre dans le dictionnaire en 2010.

Cuisine moléculaire

Pratique culinaire fondée sur les découvertes et les connaissances de la gastronomie moléculaire. Glaces à l'azote, perles d'alginates sont des préparations de la cuisine moléculaire.

Trop stylé

Au XXIe siècle, de nouveaux styles de vie apparaissent et revendiquent leurs valeurs : luxe ostentatoire, quête de relations intergénérationnelles, goût pour la mode alternative ou passion pour la technologie et l'innovation.

Geek

La signification originelle de *geek*, mot ancien en anglais, est plus péjorative au départ, le mot ayant eu le sens d'« idiot », « nigaud » ou « simple d'esprit ». Emprunt probable à l'allemand ou au néerlandais, *geek* est repris dans l'argot américain, pour désigner un personnage de carnaval déguisé en homme sauvage qui se livre à des actes spectaculaires en public, comme de couper le cou à un volatile. Le glissement vers le sens moderne ressemble à une blague d'étudiants ; dans les années 1990, *geek* s'emploie en référence à un amateur de techniques de pointe ; son équivalent français pourrait être *technophile*, s'agissant d'informatique. Beaucoup plus courant en français que *nerd*, *geek* est employé par ceux qui se réclament de cette passion de façon positive, devenant le signe d'une modernité et d'une adéquation avec le temps présent. Il est parfois utilisé dans d'autres domaines pour désigner un inconditionnel, un fan, par exemple dans l'univers de la mode.

Hipster

Dans les années 1940 émergeaient simultanément, sans se connaître, le *zazou* en France et le *hipster* aux États-Unis. Ils présentaient quelques similitudes : jeunes hommes blancs amateurs de jazz, hostiles aux codes sociaux prépondérants, ils s'affichaient par quelques choix vestimentaires remarquables. Les zazous portaient « tignasse frisée » (comme les décrit Boris Vian dans *Vercoquin ou le Plancton* en 1946), veste longue et pantalons trop courts ; les hipsters avaient jeté leur dévolu sur les pantalons à taille basse, au niveau de la hanche (*hip* en anglais), ce qui aurait pu leur donner ce nom, si ce n'est que les spécialistes de l'anglais font état d'un autre étymon*, du *slang* (« argot »), *hip* signifiant « à la mode, dans le coup ». Les zazous ont disparu dans des limbes nostalgiques, alors que les hipsters sont apparus en force dans les pays francophones depuis le début de ce XXIe siècle. C'est leur première marque : les hipsters, comme d'autres termes évoquant des attitudes ou des styles sociaux caractéristiques (les *bobos*, par exemple), ont perduré pour avoir été baptisés en Amérique anglophone.

Cougar

C'est tout récemment que ce mot s'est mis à désigner une femme âgée de plus de quarante ans qui séduit des hommes plus jeunes. Il s'est imposé en France, pris en ce sens, dans les années 2010, quelques années après son apparition en anglais des États-Unis. L'ancien français *couguar*, qui désignait le félidé proche du jaguar vivant dans des montagnes américaines, est devenu *cougar* en anglais, avant de s'employer en français ainsi orthographié (on rencontre aussi *couguar*) pour qualifier cette figure féminine.

Bling-bling

L'onomatopée* *bling-bling*, en anglais des États-Unis, se rapporte aux accessoires de mode brillants et sonores portés par les rappeurs californiens. L'adjectif et le nom sont employés en français à partir des années 2000, et servent à désigner tout ce qui est clinquant et ostentatoire. Ils ont été fréquemment employés à propos de l'ancien président Nicolas Sarkozy, élu en 2007, qui, « décomplexé », était fier d'exhiber son goût du luxe, par exemple celui des montres Rolex.

To be hipster or not

La première attestation du terme *geek* en français remonte à 1996, mais le mot n'entre dans l'usage que dans les années 2000.

L'adjectif et le nom *bling-bling* sont attestés* dès 2001 dans l'anglais des États-Unis, la même année en France.

Le mot *hipster* est utilisé en français pour la première fois en 1950. Au début du XXIe siècle, il gagne un certain regain de popularité.

L'utilisation du mot *cougar* pour désigner une quadra ou une quinqua qui a des aventures avec des jeunots ne devient courante qu'à partir de 2008.

FRÉQUENCE DANS L'USAGE DES MOTS *GEEK*, *HIPSTER*, *COUGAR* ET *BLING-BLING* DE 2000 À 2019**

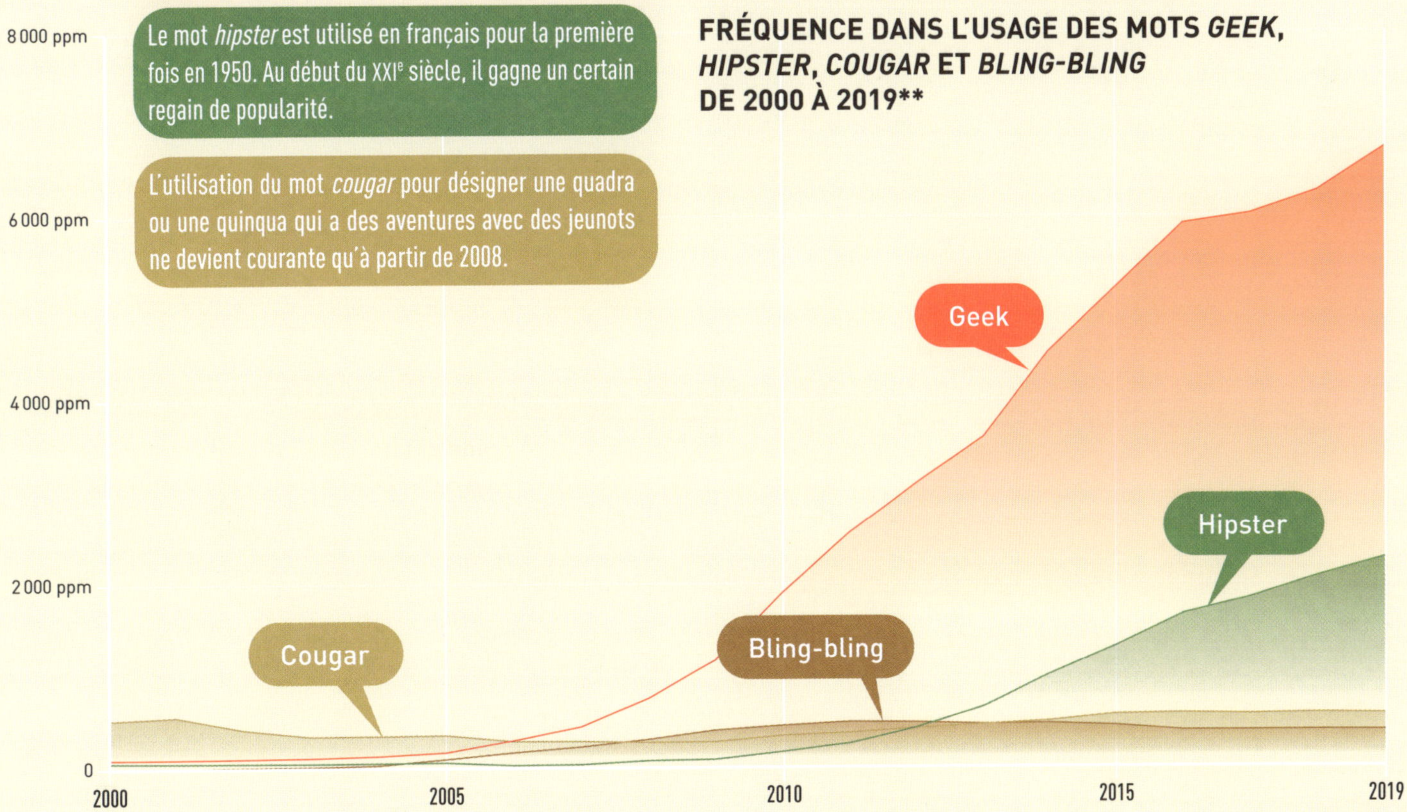

** dans les recherches Google Ngram

Wiki-moi la vie

Le concept wiki-, né d'une idée simple mais révolutionnaire de collaboration en ligne, a donné naissance à des plateformes emblématiques comme Wikipédia® et le Wiktionnaire®, qui permettent à chacun de contribuer au savoir collectif.

Petit mot au charme exotique. On pourrait penser qu'il s'agit d'un petit rongeur d'Amérique du Sud ou d'un cocktail des Antilles... S'il n'en est rien, *wiki* a néanmoins beaucoup voyagé pour venir jusqu'à nous. Dans une langue de Hawaï, *wiki* signifie « rapide » ou « vite » et c'est à un informaticien américain du nom de Ward Cunningham que l'on doit son introduction dans le lexique anglo-saxon*. En 1995, alors qu'Internet était encore une invention récente, Cunningham mit au point un logiciel collaboratif qu'il baptisa *WikiWikiWeb*, « le réseau vite-vite ». C'est lors d'un séjour à Hawaï, après avoir emprunté la navette de l'aéroport de Honolulu, le *wiki wiki shuttle*, qu'il eut l'idée de ce nom.

Un *wiki* est un site web collaboratif dont le contenu peut être librement enrichi ou modifié par les internautes. Le mot seul est rarement utilisé comme nom ou adjectif en français, on le rencontre le plus souvent comme élément de formation dans une série de noms de sites Internet.

Wikipédia®, mot-valise* tiré de *wiki* et *encyclopedia*, est à ce jour le plus célèbre de tous les wikis et l'un des sites Internet les plus visités au monde. Dans cette encyclopédie collaborative, multilingue et gratuite, chacun peut contribuer à condition de respecter certaines règles rédactionnelles, notamment de neutralité.

Wiki a aussi servi à composer de nombreux mots-valises qui sont passés en français plus ou moins francisés. La *Wikisphère*, mot formé sur le modèle de *blogosphère* pour désigner l'ensemble des wikis et de leurs contributeurs, le *Wiktionnaire*® (de *wik[i]* et *dictionnaire*), la *Wikisource*® (bibliothèque), le *Wikiquote*® (citations) ou encore le *Wikibooks*® (livres). Contrairement à ce que son nom indique, le site des lanceurs d'alerte appelé *Wikileaks*® ne fonctionne pas comme un wiki.

Chronologie

15 janvier 2001 Création de l'encyclopédie en ligne Wikipédia® qui compte 10 000 articles dès septembre de la même année.

2003 Une version papier du site est éditée.

2006 Le magazine *Time* élit « You » sa personnalité de l'année citant les créateurs de contenus 2.0 comme MySpace, YouTube et Wikipédia®.

2010 Michel Houellebecq reconnaît avoir utilisé des extraits de Wikipédia® dans *La Carte et le Territoire*.

« Imaginez un monde dans lequel chacun puisse avoir partout sur la planète libre accès à la somme de toutes les connaissances humaines. C'est ce que nous sommes en train de faire. »

Jimmy Wale cofondateur de Wikipédia®,
Slashdot.org, 28 juillet 2004.

Surfer sur les mots

Au changement de millénaire, de nouvelles disciplines sportives de plein air se développent et influencent notre vocabulaire contemporain.

Une fois n'est pas coutume, bon nombre des nouvelles activités à la mode nous viennent des États-Unis, et de leur dénomination, ce qui explique leur sonorité anglo-saxonne*. Ainsi, peu avant l'an 2000, des termes liés aux sports de glisse apparaissent comme « canyoning » en 1990, du verbe *to canyon*, attesté* en 1869 au Colorado, qui désigne un sport nautique consistant à descendre un cours d'eau aux gorges accidentées et au parcours difficile. En 1998, le ***kitesurf***, forme abrégée de *kitesurfing*, de *kite* « cerf-volant », et *surf*, désigne ce sport où l'on se tient debout sur une planche, en se faisant tirer par une aile inspirée du parapente. Dérivé du kitesurf, le ***wingfoil***, mot attesté en 2009, de wing « aile » et foil « dispositif installé sur les bateaux qui leur permet de se soulever hors de l'eau en augmentant leur vitesse », se pratique avec une aile gonflable et une « aile » placée sous la planche qui la soulève. La même année, le mot ***paddle*** apparaît en français, abréviation de *stand-paddle* (de *to stand up paddle* « pagayer debout », de *paddle* « pagaie »), pour évoquer le pagayage debout sur une planche. Les services de terminologie ont bien recommandé d'utiliser plutôt l'équivalent « planche à rame », sans succès.

En 2015, le mot ***hoverboard*** est créé pour désigner un engin au départ fictif, utilisé dans le film *Retour vers le futur 2* de Robert Zemeckis (1989). Construit à partir du verbe *to hover* « planer », et du nom *board* « planche », il consiste en un gyropode sans guidon, que l'utilisateur manœuvre par les mouvements de son corps. À côté des anglicismes, d'autres néologismes*, avec une structure bien française, surgissent dans le domaine du sport et des loisirs. Au rayon des mots-valises, citons le terme *accrobranche* de *accro(cher)* et *branche*, un nom de marque enregistrée en 1996, ainsi que « **cécifoot** », formé sur *céci(té)* et *foot(ball)*, pour qualifier ce handisport analogue au football, qui oppose deux équipes de cinq joueurs déficients visuels et se joue avec un ballon sonore. Aussi appelé « foot à 5 DV » (pour déficients visuels), c'est une discipline paralympique depuis 2004. Autre nouveauté, en 2002, le mot ***parkour***, à l'origine un nom de marque, s'impose pour cette activité consistant à se déplacer en franchissant des obstacles naturels ou artificiels avec adresse, rapidité et fluidité et dont les pratiquants sont appelés ***traceurs***. Quant au nom composé* ***longe-côte***, il s'agit aussi à l'origine d'un nom propre (déposé en 2007) pour cette randonnée active aquatique, pratiquée dans la mer, avec de l'eau jusqu'au thorax.

Chronologie

2006 Laird Hamilton traverse la Manche en paddle.

2007 Création à Dunkerque de l'association Opale Longe Côte par le créateur de la discipline, Thomas Wallyn.

2008 Des scènes de parkour sont intégrées au film *Babylon A.D.* de Mathieu Kassovitz.

2009 Le nombre de pratiquants de kitesurf est estimé entre 10 000 et 15 000 personnes.

« L’annonce du jeu [jeu vidéo *Totems*] fait d’ailleurs clairement référence au Parkour, la discipline des yamakasis. »

Libération, 24 août 2007.

Internet 2.0

« Publie un post ou crée ton hashtag pour dénoncer les trolls ! » Les nouveaux mots n'en finissent plus de fleurir avec la démocratisation du web, et la naissance du web participatif, ou web 2.0.

Sur le plan technique, outre le développement des ***smartphones*** et des ***tablettes tactiles***, c'est à l'introduction du ***wifi*** en 2001, cette technologie de réseau sans fil dont le nom est un acronyme* de l'anglais *Wireless Fidelity*, « fidélité sans fil », que l'on doit la popularisation du web 2.0.

Avant cet avènement, seuls les professionnels publiaient du contenu. Toute une série de termes rappelle ce changement de paradigme. Le premier est apparu au début des années 2000, quand les utilisateurs du web ont pu créer leur propre **blog**. Ce mot, contraction de ***weblog*** « journal web », attesté* en 2002 en Europe, parfois écrit « blogue » dans sa forme francisée, désigne un site ou une section d'un site Internet sur lequel un ou plusieurs auteurs publient des articles. Ces derniers, appelés des ***posts*** « billets », sont présentés dans un ordre chronologique inversé, les plus récents apparaissant en premier. Peu de temps après les blogs, les premiers réseaux sociaux voient le jour avec MySpace. Grâce à ce site web, qui ouvre le bal en 2003, tout utilisateur peut créer son blog et échanger avec la communauté inscrite. Un an plus tard, **Facebook** permet aux étudiants de Harvard de disposer de leur propre plateforme communautaire, avant de devenir ouvert à tous en 2006. Son nom fait référence aux albums de photos des visages des élèves prises en début d'année universitaire, qu'on peut traduire par « trombinoscope ». La même année, **Twitter** (rebaptisé X en 2023 à la suite du rachat de la plateforme par Elon Musk) devient le premier réseau de ***microblogging*** du web. Et qui dit réseau social dit ***troll***, ou encore ***hashtag***, anglicismes apparus de façon concomitante avec les réseaux sociaux. En 2005, le terme « troll » émerge pour désigner une personne qui publie des messages provocateurs ou hors sujet dans une communauté en ligne, suivi trois ans plus tard par le verbe qui en est dérivé, ***troller***. Ce mot anglais d'origine incertaine est peut-être à rattacher au verbe *to troll* « déambuler », ou à un mot d'origine suédoise, lutin des légendes scandinaves. Quant au terme « **hashtag** », il entre dans la langue française en 2009 pour désigner un mot ou une phrase précédée de ce symbole « # », utilisé pour identifier des messages sur un sujet spécifique. En français, le terme « ***mot-dièse*** » est aussi courant, mais peine à s'installer.

Enfin, l'époque du web 2.0 coïncide avec l'arrivée des premiers ***podcasts***, ces fichiers audio ou vidéo numériques diffusés sur Internet. Né en 2005, et formé à partir du nom de marque *iPod* (lecteur MP3 de la marque Apple) et *(broad)cast* « diffusion », cet anglicisme* est parfois traduit par ***balado*** ou ***audio à la demande***.

Chronologie

2004 Création du mot « podcast » par Ben Hammersley, journaliste au *Guardian*.

2006 La chanteuse Lily Allen perce grâce aux posts de sa maquette sur MySpace.

2006 Lancement de la version podcast de l'émission radiophonique culte « This American Life » qui obtient en 2020 le prestigieux prix Pulitzer.

2024 Plus de 600 millions de blogs sont actifs dans le monde, générant 3 milliards d'articles chaque année.

« Les formats courts sont-ils l'avenir des stations de radio ? Avec l'essor de la pratique de la baladodiffusion (podcast) […] la question se pose avec acuité. »

Le Monde, 26 décembre 2006.

Koi29 ? CU btw !

L'usage massif des téléphones portables et la popularité des messages textuels ont donné naissance à un nouveau langage : le SMS. Ce mode d'expression rapide et créatif se distingue par ses abréviations, ses émoticônes et son style télégraphique.

Le langage SMS est né de la nécessité de rédiger des messages aussi informatifs que possible, en respectant la limite de 160 caractères. Avant le déferlement des smartphones, cette contrainte était en effet imposée par les opérateurs téléphoniques, qui facturaient l'envoi des SMS. Au début des années 2000 par exemple, chaque SMS valait un franc. Être bref, tel était donc le challenge. Dans ce contexte, les utilisateurs – surtout des jeunes – ont mis en place un système qui faisait la part belle aux abréviations et à des combinaisons de signes facilement reconnaissables. Par exemple, « A+ » s'emploie pour « à plus tard », « **dsl** » pour « désolé », etc. Ces formes abrégées, qui permettent de gagner de l'espace et du temps (mais aussi de l'argent), se sont avérées productives.

Sur le plan linguistique, on peut classer l'ensemble des stratégies utilisées selon les éléments qu'elles mettent en jeu. Les logogrammes, ces dessins correspondant à des notions ou des mots, comme les chiffres, et les opérateurs arithmétiques comme « + » ou « - », permettent de raccourcir la taille du message.

De même pour les abréviations : ***p.*** pour « page », ***M.*** pour « monsieur », ou les sigles et autres acronymes* : *MDR* pour « mort de rire », ***geta*** pour « Google est ton ami ».

Dans l'ensemble des stratégies, les rébus sont sans doute les formes les plus cryptées, et aussi les plus décriées. Ils résultent de la combinaison de lettres et de chiffres, qui calquent les syllabes : *LN* pour « Hélène », ***2m1*** pour « demain », ***k7*** se lit « cassette », etc. Les squelettes consonantiques résultent de la suppression de toutes les voyelles d'un mot : ***bjr*** pour « bonjour », ***bcp*** pour « beaucoup », ***jtm*** pour « je t'aime », et éventuellement de certaines consonnes : ***pq*** pour « pourquoi », ***qq*** pour « quelque », etc.

La prononciation réduite des mots est également utilisée. Ainsi, « je peux », « pas grave » et « je (ne) sais pas » deviennent ***jpeux***, ***po grave*** et ***chépa***.

Bien entendu, ces processus peuvent se combiner, rendant le décryptage parfois plus complexe : ***qq1*** « quelqu'un », ***pck*** « parce que », ***koi29*** « quoi de neuf », ***bon8*** « bonne nuit », etc. Pour compliquer le tout, de nombreuses formes proviennent de l'anglais : *OMG* (*oh my god*, « oh mon Dieu »), ***btw*** (*by the way*, « au fait »), etc. Enfin, le langage SMS se caractérise par l'utilisation d'émoticônes, qui consistent originellement en des combinaisons de signes de ponctuation pour exprimer des émotions ou des actions. Exemples : « :-D » pour exprimer un grand sourire, « :-P » pour tirer la langue, etc.

Si ces pratiques ont diminué par la suite avec l'avènement des forfaits illimités et des téléphones intelligents et les correcteurs automatiques, elles ont connu une seconde vie et d'autres évolutions sur les forums Internet et les réseaux sociaux.

asap
Raccourci de l'expression anglaise « *As Soon As Possible* », qu'on peut traduire par « aussi vite que possible ».

askip
Forme abrégée de « à ce qu'il paraît », rapporte une information dont on n'est pas certain.

bg
Abréviation de « beau gosse », permet de complimenter l'apparence physique d'un garçon. Pour les filles, on dit « belle gosse » ou « beau gosse ».

:)

ccev
Façon abrégée et rapide de demander des nouvelles : « coucou, ça va ? »

CU
De l'anglais « *see you* », pour dire « à bientôt ».

jdcjdr
« Je dis ça, je dis rien. » L'expression est utilisée pour donner un conseil ou une remarque sans insister.

:-*

jpp
Sigle de « j'en peux plus », pour exprimer une grande fatigue ou lassitude.

msk
Abréviation de *miskina*, mot d'origine arabe pour exprimer de la compassion ou de la pitié, « la pauvre ».

oklm
« au calme ». S'utilise pour faire référence à une situation tranquille et sans stress.

TMTC
« toi-même tu sais », Employé pour indiquer que l'interlocuteur est déjà au courant de la situation.

wsh
Déformation* de « ouais » ou « yeah », *wsh* signifie « wesh » pour saluer ou exprimer un sentiment familier, parfois agacé.

wtf
L'expression « What the Fuck », littéralement « quelle baise », s'emploie pour exprimer une surprise ou une incompréhension choquante.

YOLO
You Only Live Once « on ne vit qu'une fois », pour justifier une prise de risque.

Dieu est un vapoteur de havanes

Ce néologisme*, « vapoter », ses synonymes et ses dérivés témoignent de l'évolution parallèle du langage et des pratiques contemporaines, ici la popularisation de la cigarette électronique…

Ce néologisme a été créé en 2006, résultant d'un concours ; il s'est répandu avec la diffusion de la cigarette dite électronique pour équivaloir au verbe *fumer*. Il est tiré du radical* latin de *vapeur*, *vapor*, présent dans de nombreux mots français, comme *vaporiser* ou *vaporeux*. Il utilise le suffixe* *-oter* – alors que le verbe parallèle à *fumer* aurait pu être *vaper* dont l'emploi, plus rare, est influencé par l'anglais *vape*, tiré de *vapour* « vapeur ». *Vapoter* a été rapproché du verbe dialectal (normand) *crapoter*, tiré de *crapaud*. Le *Dictionnaire du patois normand* de E. et A. Duméril (1840) le définissait comme « marcher sur les pieds et sur les mains, comme un crapaud ». Ce verbe a pris un tout autre sens en argot dans les années 2000 : « absorber, inhaler la fumée, la retenir dans la bouche et l'exhaler, sans l'avaler », alors distingué de *fumer*. Tandis que le verbe normand concernait la démarche du crapaud (sens repris par le verbe militaire *crapahuter*, plus ancien), ce nouvel emploi pourrait faire allusion au jeu cruel qui consistait à forcer un batracien à absorber de la fumée, qu'il ne pouvait ni avaler ni rejeter. *Crapoter* s'est particulièrement appliqué à l'action de garder en bouche la fumée du haschich (*crapoter un joint*) et celle de la chicha puis, par analogie, la vapeur de la cigarette électronique, le verbe s'opposant alors à *vapoter* qui, comme *fumer*, suppose l'inhalation. Le contexte est en général celui des effets nocifs de ce qui est ou non inhalé, fumée, vapeur, nicotine. De même que ses dérivés réguliers *vapoteur*, qui correspond à *fumeur*, et *vapotage*, qui n'a pas d'équivalent pour l'action de fumer, ce mot est tributaire du succès de ce qui fut appelé *cigarette électronique* (2010), francisation de l'anglicisme *e-cigarette*, forme abrégée de *electronic cigarette*®. Ce dernier nom, déposé dès 1965 sans effet, repris en 2005 par un pharmacien chinois, correspond à un tube cylindrique qu'on peut porter à la bouche, contenant un liquide transformé par une résistance électrique en aérosol. C'est une désignation publicitaire, sans rapport ni avec la cigarette de tabac (sinon par son utilisation), ni avec l'électronique.

Chronologie

2003 Création par un pharmacien chinois, Hon Lik, d'une cigarette électronique.

2006 L'e-cigarette débarque en Europe et aux États-Unis.

2014 L'OMS met en garde contre les potentiels effets nocifs de la cigarette électronique.

2019 De nombreux tabacologues et instances de lutte contre le tabac s'insurgent de cette position de l'OMS confirmée en 2019.

2022 le nombre de vapoteuses et vapoteurs français est estimé à 3 millions.

« Un salarié seul dans son bureau pourra donc continuer à vapoter si le règlement intérieur l'y autorise. »

Capital, 1er novembre 2011.

Wallah, le kif ce texte, sah !

Les emprunts à l'arabe dans l'argot des jeunes sont le reflet d'une histoire partagée et d'un métissage culturel qui continue de façonner le paysage linguistique français.

La « génération Beur » a contribué à populariser certains termes issus de l'arabe, pour se différencier et affirmer son identité. Dans les années 1990, les emprunts directs à l'arabe sont encore assez rares. On enregistre en effet seulement les mots *kif* et *kiffer*, de l'arabe maghrébin *kif*, *kēf* « état de béatitude ». Au début des années 2000, l'influence des banlieues sur la culture populaire française est devenue plus prononcée. Le langage des jeunes a intégré de nombreux mots arabes, souvent adaptés à la phonétique et aux structures grammaticales françaises, enrichissant ainsi l'argot contemporain. Beaucoup de mots et d'expressions ont un lien évident avec la religion. L'expression « **wallah** », de l'arabe *wallāh* « par Allah, par Dieu », s'emploie dans l'Islam pour faire un serment en prenant Dieu à témoin, assurant ainsi la véracité de son propos. Dans l'argot des jeunes, *wallah* est fréquemment utilisé par les adolescents et les jeunes adultes, musulmans ou non, pour jurer ou assurer la véracité de leurs propos, le plus souvent sans aucune connotation religieuse. Dans la même veine, l'expression « **starfoullah** », que l'on peut traduire par « que Dieu me pardonne » ou « que Dieu me vienne en aide », a perdu son sens religieux et sert d'exclamation pour marquer l'étonnement ou l'indignation.

D'autres mots s'emploient pour exprimer des sentiments négatifs. C'est le cas de ***seum*** (*sèm* ou *seum* « venin », puis « jalousie » et « rage »), fort fréquent dans l'expression « **avoir le seum** », ou ***cheh !*** « bien fait ! », adressé à une personne à qui il vient d'arriver un malheur, qu'on estime mérité. Enfin, certains termes s'emploient comme des marqueurs discursifs, c'est-à-dire qu'ils servent à organiser et structurer le discours, et jouent un rôle crucial dans la cohérence et la fluidité de la communication. Parmi les plus fréquents, ***wesh***, qui permet de marquer l'interrogation en arabe, sert comme une interjection pour saluer ou attirer l'attention. De même, ***zaama*** (prononcé *zarma*, que l'on peut traduire par « soi-disant » ou « comme si »), et que l'on emploie souvent comme ponctuant*, placé en début ou en fin de phrase (« Il fait le riche, zaama, mais il a des dettes partout »).

Bsahtek (que cette action apporte bonne santé)

Fais belek (fais gaffe)

Cheb (jeune)

Hala (désordre)

Halouf (porc)

Haram (interdit)

Hess (galère)

Khouya (frère)

Khabat (saoûl, drogué)

Miskine (exprime la compassion)

« Pourquoi tu l'ouvres avec ta voix rauque, wesh t'as fumé trop d'??? »

Diam's, *Suzy*, 2003.

Rnouch (police)

Sah (sérieux, vrai)

Salam (formule de salutation)

Zebi (pénis)

Zouze (copine)

R(évolution)

Au début du XXIe siècle, l'altermondialisme, le bioterrorisme, l'antimondialisation et le djihadisme sont devenus des termes courants pour décrire des réalités complexes.

L'***antimondialisation*** s'emploie pour caractériser un mouvement qui critique la mondialisation économique et ses effets négatifs sur les sociétés et l'environnement. Les antimondialistes dénoncent la domination des multinationales, les inégalités croissantes, et la destruction de l'environnement causée par le capitalisme globalisé. Ce mouvement a pris de l'ampleur lors des manifestations contre des institutions internationales comme l'Organisation mondiale du commerce (OMC), la Banque mondiale et le Fonds monétaire international (FMI). L'antimondialisation cherche à défendre la souveraineté des nations et à promouvoir des modèles de développement plus durables et équitables.

L'***altermondialisme*** est un mouvement social et politique qui a émergé un peu plus tard en réponse à la mondialisation néolibérale. Ses partisans prônent une mondialisation différente, plus équitable et respectueuse des droits humains et de l'environnement. Le terme lui-même a été pensé et construit en opposition à un autre terme, *antimondialisation*, soulignant que le mouvement ne s'oppose pas à la mondialisation en soi, mais à la manière dont elle est menée.

Le ***bioterrorisme*** désigne l'utilisation intentionnelle d'agents biologiques comme les virus, les bactéries ou les toxines pour provoquer la terreur, la maladie ou la mort. C'est une forme de terrorisme qui exploite les vulnérabilités biologiques pour semer la panique et déstabiliser les sociétés. L'anthrax et la variole en sont des exemples. La menace du bioterrorisme a conduit à des mesures de sécurité renforcées et à une vigilance accrue dans le domaine de la santé publique.

Le ***djihadisme*** est une idéologie islamiste radicale qui prône la lutte armée « djihad » pour établir un État islamique régi par la charia. Les djihadistes justifient leurs actions par une interprétation extrême de l'islam, souvent en opposition avec la majorité des musulmans. Des groupes comme Al-Qaïda et Daech (ISIS) sont des exemples de mouvements djihadistes qui ont mené des attaques terroristes à grande échelle. Le djihadisme représente une menace majeure pour la sécurité internationale et a conduit à des interventions militaires et des mesures antiterroristes globales.

« Quant à l'internationale djihadiste d'Al-Qaida, il s'agit d'une déviance religieuse hallucinée à laquelle on ne saurait réduire l'islam. »

Le Monde,
22 novembre 2001.

RÉVOLUTIONS et combats

L'*antimondialisation* est un mot attesté* dès 1997 alors qu'il faut attendre 2002 pour son concept dérivé, l'*altermondialisme*.

Le mot « bioterrorisme », quant à lui, est inventé en 1998 tandis que le terme « djihadisme » remonte à 1984, mais se popularise peu avant les années 2000.

FRÉQUENCE DANS L'USAGE DES MOTS *DJIHADISTE*, *ALTERMONDIALISME*, *ALTERMONDIALISATION* ET *BIOTERRORISME* DE 1980 À 2019**

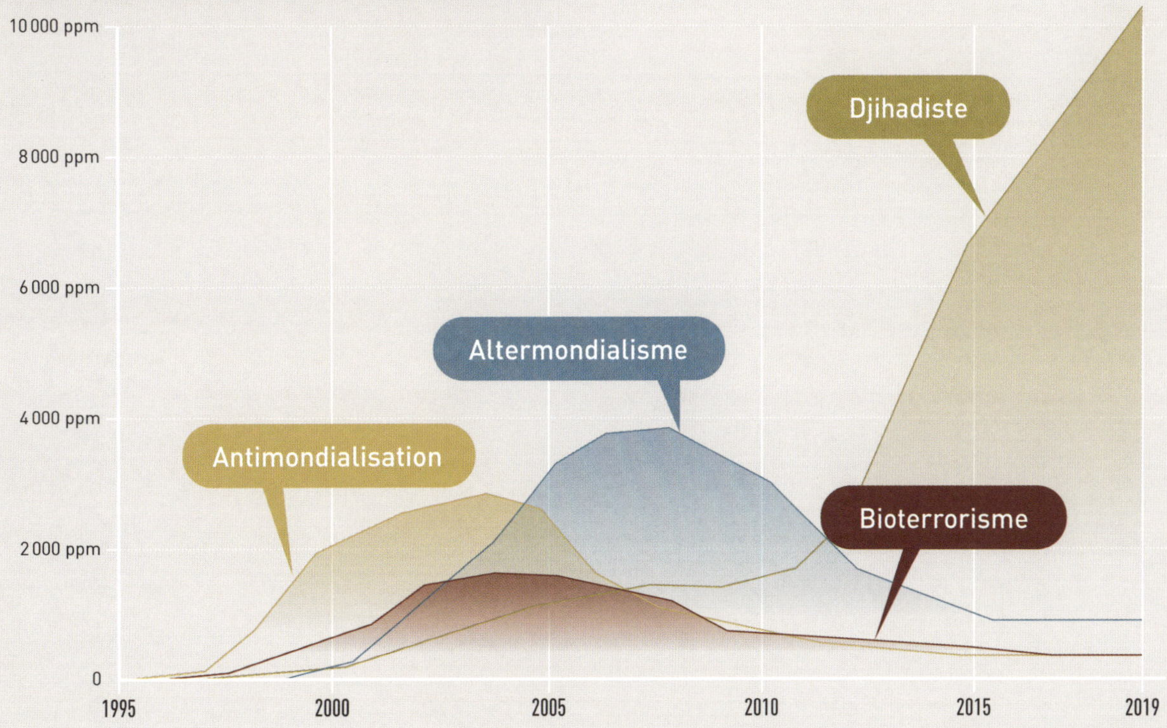

** dans les recherches Google Ngram

AREA

2010

Les années 2020

Les années 2010 démarrent avec une explosion de néologismes*, en raison des évolutions économiques, culturelles et sociétales importantes en France, comme dans le monde. C'est ce que reflètent par exemple l'usage des suffixes* ***-sphère*** et ***-phobie*** ou le champ lexical autour du **wokisme**, capturant d'un côté les réalités numériques et, de l'autre, les discriminations modernes. Sur les **réseaux sociaux**, lorsqu'on ne s'écharpe pas sur la **crise climatique**, on débat des nouvelles façons de vivre sa **sexualité**, et de l'écrire : **écriture inclusive**, pour ou contre ? Ces réseaux sont également un bon tremplin pour relayer le **mouvement #MeToo** qui porte sur le devant de la scène le harcèlement et les violences de genre. Des **mots argotiques africains** sont adoptés sans réserve par les plus jeunes, qui utilisent par ailleurs à foison des suffixes, rendant la vie encore plus **chanmax**… Enfin jusqu'à ce qu'en 2020, la pandémie de **Covid-19** bouleverse notre vie quotidienne de manière totalement inédite. Confinés, puis déconfinés et reconfinés… Il ne nous reste plus alors qu'à s'interroger sur les **cryptomonnaies**, si on ne se **selfise** pas en train de siroter une des dernières boissons tendance comme le **bubble tea**.

#MoiAussi

Le mouvement #MeToo a eu un impact significatif sur la langue française en introduisant et en popularisant des termes et des expressions liés à la lutte contre le harcèlement sexuel et les violences de genre.

L'expression *MeToo* a été initialement utilisée par l'activiste américaine Tarana Burke en 2006 dans le cadre de son travail de sensibilisation aux abus sexuels et pour offrir son soutien aux victimes de violences sexuelles, en particulier les jeunes femmes racisées issues de milieux défavorisés. Le mouvement a été conçu pour permettre aux survivantes de se sentir moins seules et pour dévoiler l'ampleur du problème.
En 2017, le terme revêt une dimension mondiale lorsque l'actrice Alyssa Milano reprend cette expression avec un hashtag sur Twitter, et enjoint les victimes de harcèlement et d'agression sexuelle à partager leurs expériences. Ce hashtag a déclenché une vaste campagne de sensibilisation touchant de nombreux secteurs et entraînant des changements significatifs dans la société.
Sur le plan linguistique, le mouvement *#MeToo* a transformé en profondeur le vocabulaire et les pratiques langagières en France. Des termes anciens, dont l'usage était rare ou confidentiel, redeviennent largement en usage. C'est notamment le cas de ***féminicide*** « meurtre d'une femme en raison de son genre », attesté* à la fin du XIXe siècle. On peut aussi citer ***misandre*** qui qualifie une personne manifestant de l'hostilité ou du mépris pour les hommes. Quant au terme ***écoféminisme***, attesté en 1974, il désigne un courant de pensée qui établit un parallèle entre la domination des hommes sur les femmes et la surexploitation de la nature.
Au cours de la décennie suivante, des néologismes* qui dénoncent les actes péjoratifs à l'encontre des femmes apparaissent sur la toile. C'est le cas notamment de ***mansplaining*** « explication masculine condescendante », parfois traduit par « mecsplication », et ***manspreading*** « écartement masculin » ou « étalement masculin » qui exprime l'habitude de certains hommes de s'asseoir avec les jambes écartées dans les transports en commun, gênant les autres passagers.
Enfin, le terme ***manterrupting*** « interruption par un homme » s'emploie pour la tendance masculine de couper la parole aux femmes de manière fréquente et injustifiée, souvent en raison d'un manque de considération pour leurs contributions.

« Si vous avez été harcelée ou agressée sexuellement, écrivez "me too" [moi aussi] en réponse à ce tweet. »

Alyssa Milano, 15 octobre 2017.

Misandre VS écoféminisme

Écoféminisme Mot apparu en 1974, formé du préfixe* *éco-* (du grec *oikos*, « maison » ou « habitat ») et de *féminisme* « doctrine, mouvement qui préconise l'extension des droits, du rôle de la femme dans la société ».

Féminicide Attesté* en 1855, le mot est calqué sur *homicide* et construit à partir de la racine* *fém-* du latin *femina* « femme, femelle », et du suffixe* *-cide*, issu du latin *caedere*, « frapper, battre, abattre, tuer, massacrer ».

Misandre Mot formé de deux éléments grecs, *mis(o)-* « détester, haïr » et *-andre* « homme, mâle ». Il se base sur deux modèles de mots : *misanthrope* « personne qui manifeste de la haine, de l'aversion pour le genre humain », et *misogyne* « qui éprouve de l'hostilité ou du mépris pour les femmes ».

FRÉQUENCE DANS L'USAGE DES MOTS *ÉCOFÉMINISME*, *FÉMINICIDE*, *MISANDRE* ET *MANSPREADING* DE 1960 À 2019**

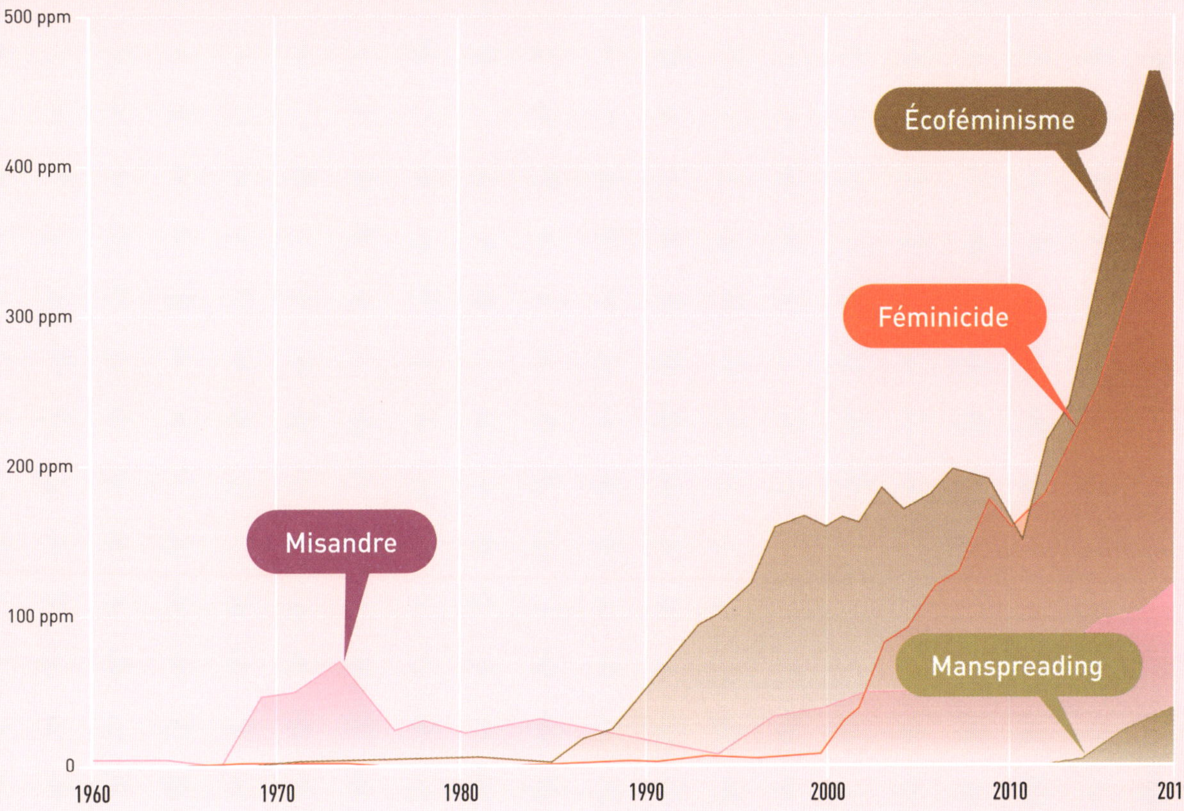

** dans les recherches Google Ngram

Internet, suite… sans fin

Tweeter, liker, facebooker, instagrammer et youtubeur *sont des exemples de ces néologismes* qui témoignent de l'impact des technologies numériques dans le langage courant.*

Les réseaux sociaux ont transformé notre manière de communiquer et d'interagir. Ils ont donné naissance à des termes spécifiques maintenant courants dans notre vocabulaire. En plus de décrire des actions, ils reflètent des comportements et des cultures propres à chaque plateforme. Ainsi, sur Twitter, on ne publie pas un message, on ***tweete***, c'est-à-dire qu'on lit, envoie ou crée des ***tweets***, voire on ***retweete*** lorsqu'on partage un tweet déjà posté. ***Tweeto*** et ***tweeteur*** (féminin ***tweeteuse***), qui désignent les utilisateurs de ce réseau, sont attestés*, mais moins répandus. Ces mots se maintiennent malgré le changement de nom de Twitter en 2023 après son rachat par Elon Musk. Twitter devenu X qui n'a pas généré de néologismes.

Si le verbe ***facebooker*** et le nom ***facebookeur*** (féminin ***facebookeuse***) sont eux aussi plutôt rares, ce n'est pas le cas des mots dérivés sur l'un des autres réseaux du groupe Méta : Instagram.

La plateforme, lancée en 2010, est en effet plus populaire chez les jeunes, notamment chez les influenceurs et les influenceuses. C'est ce qui explique qu'un terme comme ***instragrameur*** (féminin ***instagrameuse***), qui désigne une personne qui exerce une activité rémunérée en publiant des photos et des vidéos sur son compte, soit devenu très populaire peu de temps après l'ouverture de la plateforme. La même année, l'adjectif ***instagramable*** fait lui aussi une entrée remarquée dans la langue française, et s'emploie pour qualifier un lieu, un objet ou une action qui, par son caractère, est digne d'être photographié ou filmé, puis posté sur ce réseau social.

D'ailleurs, quand on souhaite indiquer son approbation ou son appréciation pour un contenu publié sur les réseaux sociaux, il suffit de cliquer sur un bouton représentant un pouce levé ou un cœur, en d'autres termes ***liker*** la publication, ou lui donner un ***like***. Même si l'équivalent français « j'aime » convient, ces deux termes sont devenus si communs qu'ils sont entrés dans la langue française en 2010.

D'autres anglicismes jouissent d'une vitalité importante, en raison de l'omniprésence des réseaux sociaux dans nos vies. C'est le cas notamment du mot ***story***, « histoire », que les autorités recommandent de traduire par ***microrécit***, et qui désigne une vidéo de format très court ou d'une image et qui, une fois publiée, est visible pendant une période limitée. Plus récemment, le mot ***reel*** (de l'anglais « bobine »), qu'on a tendance à prononcer et écrire « *réel* », est apparu pour désigner une story non éphémère.

« Internet,
pour un parent,
c'est comme si
on te volait ton gosse
avant même
qu'il sache lire. »

Virginie Despentes,
Vernon Subutex, 2015.

FOMO

Acronyme* anglais de *Fear Of Missing Out* « peur de manquer quelque chose ». Sentiment d'anxiété que l'on peut ressentir à l'idée de manquer quelque chose d'important en ligne, souvent exacerbé par l'utilisation constante des réseaux sociaux sur le téléphone.

Mème

Emprunt à l'anglais ***meme***, formé sur le grec ***mimêma*** « imitation », sur le modèle de ***gene*** « gène ». On appelle « mème » tout contenu (image, vidéo ou texte humoristique) se diffusant sur Internet et pouvant faire l'objet de nombreuses variations.

Métaverse

Mot attesté* déjà en 1996, formé à partir du préfixe* grec ***meta*** « après », « au-delà » et de *(uni)verse* « univers » en anglais. Le métaverse est un univers virtuel collectif partagé.

Snap

Terme faisant référence à l'application Snapchat, lancée en 2011. Un *snap* est une image ou une vidéo qui disparaît après avoir été visionnée.

Tiktokeur, -euse

Fondé en 2016, le réseau social TikTok a très vite gagné en popularité, notamment chez les jeunes. Ses utilisateurs, appelés ***tiktokeurs*** (féminin ***tiktokeuses***), créent et partagent des vidéos sur la plateforme.

Stalker

Verbe formé sur l'anglais ***to stalk*** « traquer », qui s'emploie pour qualifier l'action de surveiller secrètement ou de harceler quelqu'un de manière obsessive sur le web comme dans la vie réelle. Une personne qui stalke est un ***stalkeur***, et pratique le ***stalking***.

Youtubeur, -euse

Personne qui publie ses propres vidéos (sketchs, tutoriels…) sur le site YouTube.

Petite leçon de djeune

Parmi les divers mécanismes qui participent à l'évolution du français, les processus morphologiques jouent un rôle crucial. Plusieurs suffixes* ont été particulièrement productifs dans le parler surnommé « djeune ».

T***endax***, ***chanmax***, ***éclatax***... tous ces mots à la mode sur les réseaux sociaux ont la particularité formelle en commun d'avoir été dérivés avec le suffixe *-ax*. Son origine est étymologiquement mystérieuse, et on serait tenté de la faire remonter à une mauvaise analyse de ***chanmax***, où l'élément *max* (apocope* de « maximum ») forme avec *chanmé* (verlan* de « méchant »), un mot-valise*. Sémantiquement*, l'analyse est plus sûre : la valeur du suffixe *-ax* est celle d'un superlatif*, permettant de créer des mots avec une valeur intensive ou hyperbolique*. Par exemple, quelque chose ou quelqu'un de *tendax* (formé sur *tendu*) est stressé ou stressant ; si c'est *chanmax*, ce n'est pas juste « super » ou « génial », mais « vraiment trop super méga génial ». Et si on est ***au bout de sa life*** (de l'anglais *life* « vie »), on est ***éclatax***, soit littéralement sur les rotules. Quelques verbes sont également formés avec ce suffixe, comme ***fumax*** « ça me fume » et ***chialax*** « chialer ». Les substantifs* sont plus rares, à l'instar de ***chibrax*** (*chibre* « sexe masculin »).
Le suffixe *-ance* a gagné en popularité à l'ère du web 3.0. Nettement plus ancien que le suffixe *-ax*, il continue la terminaison latine *-antia*, dérivé du participe présent des verbes en *-are*. On le trouve dans des mots qui indiquent le résultat d'une action ou un domaine d'action tel *abondance*, soit le fait d'avoir une grande quantité de quelque chose. Dans les mots ***gênance*** ou ***kiffance***, par exemple, le suffixe sert bien à marquer le résultat d'une action, mais aussi un haut degré, au même titre que *-ax*. Ainsi, la gênance, c'est la grande gêne, et la kiffance, c'est la particularité de bien kiffer. Parmi les plus utilisés, et qui sont le plus susceptibles de demeurer dans la langue, on peut citer : ***mourance*** (*mourir*) et ***fatigance*** (*fatiguer*).
Enfin, les mots suffixés en *-ay* ou *-ey* constituent une troisième catégorie de néologismes*. Les origines de ce suffixe sont vraisemblablement anglaises. Dans les usages des jeunes anglophones, le mot *quality* « qualité », souvent orthographié « qualitay » et prononcé [qualiteille], désigne quelque chose de positif, souvent avec une pointe d'ironie. Quand le mot est passé en français, la terminaison en *-ay* a été pressentie comme un moyen de donner une touche anglophone plus moderne à des termes en *-é*. Des deux graphies, c'est celle en *-ey* qui est plus rare (***caley***, ***célébritey***...), tandis que celle en *-ay* permet de dresser des listes plus longues (***diversitay***, ***féminitay***...).

Apaisance
Blindax
Chelax
Choquey
Jactance
Laïcitay
Malaisance
« En survêt' dans l'carré, on est sous moulax Ju-Jul, Heuss L'enfoiré, que des grosses moulax. »
Heuss l'enfoiré, *Moulaga*, 2019.
Mixitay
Moulax
Posey
Paritay
Virilitay

C'est pas mon genre

On peut être en trouple tout en étant cisgenre, pansexuel ou sapiosexuel, mais ne mégenrons pas ! Les nouvelles identités et orientations sexuelles ont désormais des mots pour les définir.

Dans nos sociétés occidentales, on a longtemps considéré le sexe et le genre comme deux concepts utilisables de manière interchangeable. Dès le début du XXIe siècle, les définitions que l'on donne à ces termes ont été précisées, tout comme le rapport que ces deux concepts entretiennent. Désormais, on parle de « sexe » pour se référer aux caractéristiques biologiques et physiologiques des êtres humains et de « genre » pour évoquer les rôles, comportements, activités et attributs appropriés pour les hommes et les femmes.

Dans ce contexte, le mot *cisgenre* apparaît en 2008 (de l'anglais *cisgender*, le préfixe* *cis-* signifiant « du même côté que ») pour qualifier les personnes dont l'identité de genre correspond au sexe assigné à la naissance en opposition au terme *transgenre* dans lequel le préfixe *trans* « par-delà » marque le passage ou le changement. Ce préfixe est d'ailleurs repris dans des mots comme *transidentité*, attesté* en 2006. Beaucoup d'individus ne se retrouvant pas dans le modèle ***binaire*** qui oppose l'homme à la femme se définissent comme ***agenre***, voire ***gender*** (le préfixe *a-* marque ici l'absence), ***gender fluid*** « genre fluide » ou encore ***bigenre*** (personne dont l'identité de genre correspond à deux genres concomitants ou alternants). Dans la même famille, le verbe ***mégenrer*** est attesté en 2015. Il s'emploie pour parler de l'action de ne pas attribuer à quelqu'un le genre qui correspond à son identité de genre.

Les sexualités des années 2010 coïncident avec la démocratisation de toute une panoplie de néologismes*, qui mettent fin à une vision *hétéronormée* des relations et de la société, mot-valise* forgé en 1999, de *hétérosexuel* et *normé*. Ainsi, une personne attirée sexuellement ou émotionnellement par une autre personne, quel que soit son sexe ou son identité de genre, se qualifie de *pansexuelle*, le préfixe *pan-* du grec *pantos* étant employé au sens de « tout » ; et celle qui ne ressent pas ou très peu de désir sexuel est *asexuelle*, formé avec le préfixe privatif *a-*. Quant aux ***sapiosexuels***, ils se définissent comme des personnes sexuellement attirées par des individus perçus comme intellectuellement brillants. Lorsqu'on entretient plusieurs relations amoureuses en même temps, on pratique le *polyamour*, attesté dès l'année 2000. Si l'on est trois, on est en *trouple* – mot-valise où l'on reconnaît les premières lettres de *tr(ois)* et *(c)ouple*, et si les trois personnes font l'amour ensemble, il s'agit de *triolisme*.

« Hormis les membres de famille proches et les conjoints et conjointes, toute autre personne cisgenre ne pourra participer aux groupes. »

Ouest-France, 4 février 2020.

Cisnormativité

Mot formé à partir du préfixe* *cis-* et de *normativité*, sur le modèle de *hétéronormativité*. La cisnormativité désigne le déni de l'existence des personnes *trans* ou une préférence systématique envers les personnes cisgenres.

Dysphorie (de genre)

Détresse ressentie par une personne dont l'identité de genre ne correspond pas au sexe qui lui a été assigné à sa naissance. L'antonyme, *euphorie* (de genre), est également attesté*.

Intersectionnel

Adjectif utilisé pour la première fois en 2006 pour référer à l'intersectionnalité, c'est-à-dire à une approche qui considère les multiples facettes de l'identité humaine telles que le genre, la race, la classe et la sexualité, et leurs interactions pour créer des expériences uniques de discrimination ou de privilège.

Queer

Le terme est ancien (il est attesté en 1993), mais ne se répand qu'après le XXIe siècle. Il consiste en un terme inclusif utilisé pour décrire des identités de genre et des orientations sexuelles qui ne se conforment pas aux normes hétérosexuelles ou cisgenres.

LGBT

Sigle anglais qui remonte à 2002, où chacune des lettres est utilisée pour l'équivalent anglais des mots *lesbien*, *gay*, *bisexuel* et *transgenre*. Au fil des années, il a connu des évolutions. En 2024, on trouve le sigle sous la forme « LGBTQIA+ », pour *Queer*, *Intersexe* et *Asexuel* (le symbole « + » signale une liste ouverte, pour les personnes qui ne se reconnaissent pas dans les autres lettres).

Phobique de la sphère

Bien que -sphère et -phobie semblent appartenir à des catégories distinctes de néologismes*, ils partagent un point commun notable : leur capacité à capturer et à refléter les réalités et les évolutions de la société moderne.

À partir d'emplois figurés déjà anciens, telle « sphère d'influence » (qu'on lit à partir de 1788), *sphère*, ce mot savant venu du grec par le latin et qui avait de nombreux composés scientifiques, a rejoint l'espace informatique, en tant que suffixe*.

À partir des années 1990, on parle ainsi d' « *infosphère* » à propos du domaine sémantique* constitué par l'ensemble des documents et données, des opérations effectuées à partir d'eux et des agents de ces opérations. Le concept a été théorisé par le philosophe italien de l'informatique Luciano Floridi, en italien (vers 1995), en anglais, en français, à partir de composés* antérieurs, comme ceux de *biosphère* ou de *noosphère* (« sphère de l'esprit », Teilhard de Chardin, 1947). Beaucoup plus spécifiques, d'autres composés de *sphère* concernent des activités et des attitudes présentes sur la Toile. *Blogosphère* « ensemble de tous les blogs », est attesté* en 2006. Il a donné naissance dans les années 2010 à des néologismes occasionnels visant les blogs politiquement orientés, tels que ***fachosphère***, ***réacosphère***, ***patrisphère***, ***gauchosphère*** ou encore ***droitosphère*** (2012, dans *Le Monde*), ou en 2016 ***cathosphère***. ***Complosphère***, pour les blogs véhiculant la « théorie du complot », appartient au même registre. ***Tweettosphère***, plus courant, est en revanche analogue à *blogosphère*, et renvoie à l'univers de Twitter.

De la même manière que le suffixe *-sphère* a évolué pour désigner des ensembles et des activités sur la Toile, le suffixe *-phobie* a connu au cours des années 2010 une évolution significative, notamment en réponse aux diverses formes d'angoisses sociétales modernes. Ce suffixe, issu du grec *phobos* « peur », est couramment utilisé pour désigner des aversions ou des hostilités irrationnelles et souvent discriminatoires envers certains groupes de personnes ou concepts.

Historiquement, les mots comportant l'élément *-phobie* décrivaient des frayeurs irrationnelles, à l'instar de l'*arachnophobie* (peur des araignées) ou l'*agoraphobie* (peur des espaces ouverts). Cependant, dès le XXIe siècle, l'usage de *-phobie* s'est étendu pour inclure des formes de discrimination. À côté des termes attestés de longue date comme *europhobie* (1970), *homophobie* (1977) ou *islamophobie* (première attestation en 1988) sont apparus des termes comme *lesbophobie* (1997) ou *transphobie* (2001), soulignant des préjugés sociétaux bien enracinés.

D'autres néologismes ont émergé pour répondre à des discriminations spécifiques. Par exemple, la *grossophobie* dénonce la discrimination basée sur le poids d'une personne, la *glottophobie* celle basée sur certains traits linguistiques, notamment les accents. Quant à la ***nomophobie***, un terme plus technique, il décrit la peur de se retrouver sans téléphone portable (ou mobile), illustrant à quel point les angoisses modernes peuvent être liées aux avancées technologiques.

« Le mot [nomophobie] a été désigné “mot de l’année 2018” par les lecteurs du *Cambridge Dictionary*. Il ne s’agit pas à proprement parler d’une maladie, mais d’un comportement excessif relevant de l’addiction. »

Libération, 19 mars 2019.

utilib'

06
autoli
07
autoli

Totalement ubérant

Le néologisme* « ubérisation », intégrant des racines* étrangères, témoigne de l'impact mondial des plateformes numériques sur les modèles traditionnels de travail et de consommation.

En juin 2015, les taxis français se mettent en grève pour protester contre la concurrence d'une nouvelle catégorie de chauffeurs, les **VTC**, sigle de *Voitures de transport avec chauffeur*. Ce type de transport envahit le marché sous la bannière de l'entreprise Uber®. En décembre 2016, ce sont les chauffeurs de VTC qui se mettent en grève pour dénoncer leurs conditions de travail. Cette manière d'accéder à l'emploi et d'être rémunéré témoigne d'une nouvelle forme d'économie appelée dès lors ***ubérisation***.

Dans le cas précis des services de voitures avec chauffeur, ***ubériser*** consiste à mettre en rapport des professionnels employés par l'entreprise Uber® et des clients. Cette pratique s'étend à d'autres domaines, grâce aux techniques de l'Internet, des téléphones mobiles, de la géolocalisation.

Ubérisation désigne ce mode d'activité économique basé sur les rapports directs de l'entreprise avec ses employés et ses clients. L'ubérisation met en œuvre un modèle ultralibéral d'emploi d'un personnel à la tâche, modèle dérégulé, instaurant la mondialisation de services hors du droit du travail propre à chaque État.

La création du néologisme est attribuée à l'homme d'affaires Maurice Lévy en décembre 2014, dans un article du *Financial Times*. Uber®, du nom de la start-up appelée *Ubercab*, est un mot anglais emprunté à l'allemand *über* qui signifie « super, extra ». Il rappelle le *über alles* « par-dessus tout »de l'hymne patriotique allemand « Deutschland, Deutschland *über alles, über alles* in der Welt ». *Cab*, mot anglais pour désigner les taxis, vient du mot français *cabriolet*, voiture hippomobile, ancêtre du taxi moderne.

L'ubérisation déstabilise le modèle économique traditionnel. De nouveaux secteurs sont ubérisés tels que l'hôtellerie (booking.com®, airbnb®), le transport de loisir ou covoiturage ou la livraison (Amazon®, Fed-ex®, Ubereat®). Le changement est tel qu'on parle en anglais de processus *disruptif*. Ce terme désigne, dans le langage de l'élite, ce qui éclate. Une décharge disruptive produit une étincelle qui dissipe de l'énergie accumulée. L'adjectif s'est implanté en français pour désigner ce qui s'oppose à l'image traditionnelle d'une marque ou aux habitudes de consommation. La création du statut d'autoentrepreneur a favorisé ce changement. On parle en anglais de *self-employed*.

Même si les travailleurs ubérisés bénéficient d'une souplesse dans l'organisation de leur temps et sont moins contraints par une hiérarchie, ils constatent que la frontière entre vie professionnelle et vie personnelle se désagrège.

Chronologie

2010 Création de UberCab, première société de chauffeurs privés à la demande, aux États-Unis, et en France en 2011.
2015 Deliveroo se lance en France.
2019 Introduction de Uber en Bourse.
2024 Uber est présent dans plus de 10 000 villes dans le monde.
2024 Deux tiers des communes françaises sont couvertes par Airbnb depuis 2008.
2024 L'ubérisation concerne plus de 15 secteurs : mode, logistique, immobilier, mais aussi santé, éducation, etc.

« Uber and co utilise la mythologie très optimiste de l'économie collaborative pour justifier leurs propres fins économiques. »

Karim Amellal, RFI, 5 mai 2018.

Spritz ou bubble tea ?

Dans les grandes villes à partir des années 2010, le mixologue prépare des mocktails dans des coffee shops. Boissons tendance et pratiques de consommation venues d'ailleurs enrichissent notre vocabulaire.

En français, le mot ***mixologie*** apparaît pour la première fois en 1990, adaptation de l'anglais *mixology* (de *to mix* « mélanger » et *-logy*, du grec *logos*, « parole, discours »). Il désigne l'art de créer des cocktails, activité qui ne se démocratise vraiment qu'au début des années 2010. La tâche est effectuée par des ***mixologues***, aussi appelés ***mixologistes***, sous l'influence de l'anglais *mixologist*. Parmi les cocktails les plus célèbres de la décennie, il convient de mentionner le ***spritz***. Cette boisson, d'origine vénitienne, est traditionnellement confectionnée à base de prosecco, d'eau gazeuse et d'Aperol, un apéritif légèrement amer. Sa dénomination est en revanche d'origine germanique : il provient en effet du verbe allemand *spritzen* « asperger », la légende voulant qu'à la fin du XVIIIe siècle, des soldats autrichiens (Venise était alors occupée) auraient trouvé les vins locaux trop forts, et auraient demandé qu'on les « spritze », donc qu'on les « arrose » d'eau gazeuse.

Pendant les années 2010, le terme ***mocktail***, attesté* dès 1988, se banalise. Ce mot-valise, formé, sur l'anglais *to mock* « imiter » et de la seconde syllabe de *cocktail*, est une version sans alcool des cocktails traditionnels.

Autre nouveauté qui s'implante en France peu avant le début des années 2020, une boisson froide d'origine taïwanaise à base de thé, de lait et de perles de tapioca : le ***bubble tea***. Anglicisme* adapté sous le nom de « ***thé aux perles*** » ; parfois, c'est le mot chinois *zenzou* qui est employé, qui signifie littéralement « thé au lait aux perles ». Le ***kombucha***, thé fermenté d'origine asiatique que l'on consomme pour combattre les problèmes de digestion, est également en vogue. Conçu en Chine, il tire son nom du japonais *kombu* « algue » et du mot *cha* « thé ». La popularité de plus en plus grande des ***coffee shops***, entendus au sens de « établissements où l'on peut consommer du café de qualité, des pâtisseries et des plats simples faits maison », qu'ils soient franchisés ou non, apporte son lot de néologismes*. On ne parle plus de « café au lait » mais de ***latté*** (de l'italien *caffè latte*, « café au lait », passé en français par l'intermédiaire de l'anglais). Exit l'*espresso*, place au *ristretto*, expresso concentré (de l'italien « réduit »).

Enfin, dernier avatar commercialisé par les franchises américaines : le ***cold brew***, terme anglais qui décrit le processus de « brassage à froid » que subit le café infusé à froid, cette technique apportant une saveur plus douce et moins acide au café.

Chronologie

2020 Les ventes de prosecco, à la base du spritz, ont augmenté de 20 % en volume et en valeur.

2021 Les ventes de produits de la marque anglaise Fever-Tree, qui fabrique des mixers de qualité pour concevoir des cocktails, ont augmenté de 51 %.

2024 Le coffee shop Starbucks, installé en France depuis 2004, détient 102 boutiques.

« Les jeunes “bubble-teaeurs” ont généralement l’assentiment de leurs parents pour se commander ces desserts déguisés en boissons : à l’heure des drones et des réseaux sociaux, quel père ou quelle mère aurait peur d’un thé ? »

Le Monde, 21 mai 2021.

Bas les masques !

En 2020, la pandémie de covid a bouleversé nos vies de nombreuses façons, y compris sur le plan linguistique. En effet, elle a engendré l'émergence de nouveaux mots et expressions qui reflètent les défis et les expériences uniques de cette période inédite.

Beaucoup de néologismes* apparus au début de l'épidémie ont eu une durée de vie aussi courte que celle des confinements successifs. Qui utilise encore le terme de ***lundimanche***, mot-valise évoquant la confusion des jours de la semaine pendant les périodes de confinement ? Ou fait encore des ***apérues*** et autres ***skypéros***, respectivement des apéritifs pris sur le palier d'une porte donnant sur la rue ou savourés par le biais de visioconférences ? Des concepts comme ***coronabdos***, ces exercices physiques pratiqués à la maison pendant le confinement, ou ***corona-boomeurs***, ces personnes ayant profité du confinement pour développer de nouveaux projets, sont également sortis de la langue aussi vite qu'ils y sont entrés. D'autres mots, en revanche, créés pendant la pandémie y sont restés. C'est le cas des dérivés sur le mot *confinement*, à savoir « **déconfinement** » et « **reconfinement** ». On pense aussi à ces mots déjà existants comme *distanciel* (qui se déroule sans présence physique des personnes concernées) et ***vaccinodrome*** (centre de vaccination collective aménagé dans un vaste espace). Enfin, rappelons que la pandémie a soulevé des débats plus profonds sur l'usage de la langue dans le contexte de la crise sanitaire. Le mot ***quatorzaine***, soit un isolement médical de quatorze jours, attesté* depuis le XIXe siècle formé sur le modèle de *douzaine* était-il plus indiqué, car plus précis, que le mot *quarantaine* ? Lors de la levée des restrictions sanitaires, devait-on dire que les commerces allaient *réouvrir* ou *rouvrir* ? L'argument des adversaires de « rouvrir » ? Celle-ci n'est pas euphonique*, autrement dit, elle est peu plaisante à l'oreille car elle comporte un hiatus* (deux voyelles contiguës). Pourtant, le mot *réouverture* est bien attesté, alors que *rouverture* n'existe pas. Ce qui en soi n'est pas étonnant, si l'on pense aux nombreux verbes commençant par le préfixe* *ré-* (et non *r-*) suivi d'une voyelle. En témoignent les formes *réapprovisionner*, *réentendre*, *réécouter*, etc. En somme, la pandémie de Covid-19 a stimulé la créativité linguistique tout en ravivant des débats sur l'usage et l'évolution de la langue dans un contexte de crise mondiale.

Chronologie

1er décembre 2019 Premier cas officiel de malade détecté à Wuhan, en Chine. Il est nommé 2019n-CoV (2019 novel Coronavirus)

31 décembre 2019 L'OMS est prévenu par les autorités taïwanaises de la découverte d'un virus dangereux.

7 janvier 2020 Le virus isolé – SARS-CoV2 pour « deuxième coronavirus lié au syndrome respiratoire aigu sévère » – est identifié. À l'international, on le nomme « pneumonie de Wuhan », ou « virus de la pneumonie du marché aux fruits de mer de Wuhan ».

9 janvier 2020 L'OMS alerte le monde entier.

24 janvier 2020 Premiers cas de malades en France.

11 février 2020 La maladie reçoit son nom officiel de l'OMS : Covid-19.

Le ou La COVID-19 ?

Dans le cas du mot *Covid-19*, le débat porte sur le genre du mot. Doit-on dire « la » Covid-19, pour évoquer « la » maladie, ou « le » Covid-19, pour désigner « le » virus ? Quand l'Organisation mondiale de la santé (OMS) a proposé ce terme le 11 février 2019, elle n'a pas précisé son genre, car en anglais, la question ne se pose pas. Aussi, quelques jours plus tard, et malgré l'utilisation du féminin sur le site français de l'OMS, les journalistes français ont spontanément pris l'habitude de l'employer avec des articles masculins (« le », « un », « ce », etc.). En effet, dans notre langue, le genre de l'acronyme* est déterminé par celui du premier mot.
Or, *co-* vient du masculin « corona ». Le *vi-* est issu de « virus », le *d-* de l'anglais « *disease* » (maladie), et « 19 » indique l'année de l'apparition du virus. Quant à l'Académie française, elle a rendu son verdict quatre mois plus tard, en optant pour l'usage du féminin. Aujourd'hui, si le genre de « covid » reste majoritairement masculin, sa variante féminine, également utilisée, n'a pas encore dit son dernier mot...

FRÉQUENCE DANS L'USAGE DES EXPRESSIONS « LE COVID » OU « LA COVID » DE 2020 À 2024**

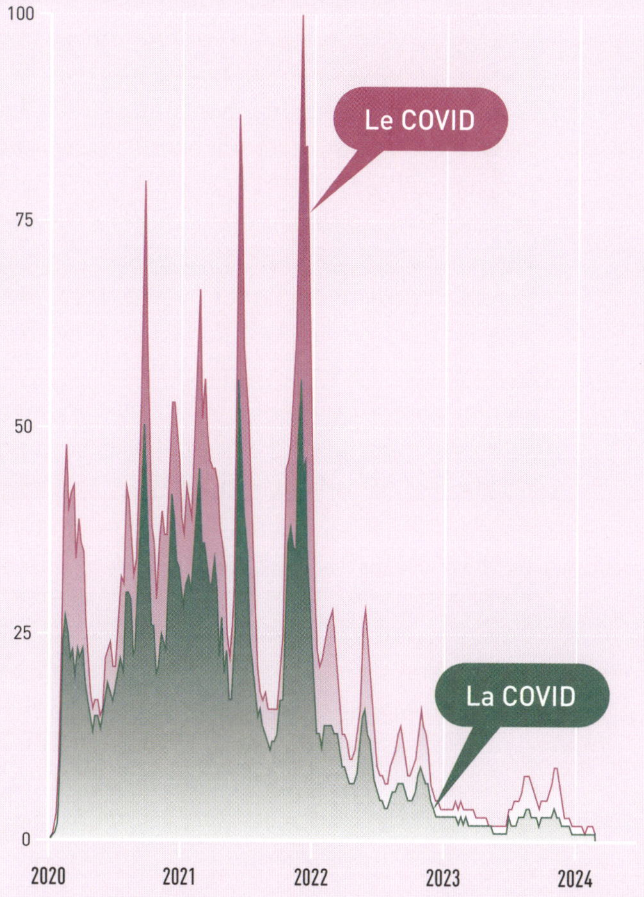

** dans les recherches Google Trends

Un futur imparfait

Dans un monde devenu multipolaire et plus individualiste, les identités et les origines s'interrogent. Le passé est convoqué dans des débats sociétaux souvent houleux.

Dans les années 2010, les réseaux sociaux ont mis en exergue le besoin de disposer de mots pour mieux rendre compte des réalités sociétales ayant trait au combat contre les discriminations et les violences. C'est ainsi que s'est démocratisé le terme ***afrodescendant***, employé pour définir les personnes d'ascendance africaine. Formé sur *afro-* « origine africaine », et *descendant* (participe présent de *descendre*), il a remplacé des tournures compliquées ou racistes comme « immigrés de parents africains » ou « Noir ». Quelques années auparavant, les termes ***raciser***, attesté* dès 1965 (de *race*, avec le suffixe* *-iser*), et ***racisé*** devenaient de plus en plus fréquents pour parler de personnes touchées par le racisme ou faisant l'objet de discrimination.

À la même période, on juge les gens qui ***essentialisent*** (considèrent d'un point de vue essentialiste) ou visent à ***silencier*** (réduisent au silence) une minorité en raison de leur appartenance. Le concept d'***intersectionnalité*** (calque* de l'anglais *intersectionality*) associe quant à lui les aspects de l'identité d'une personne aux systèmes de discrimination. Des notions comme l'***appropriation culturelle*** ou le ***racisme systémique*** se répandent.

La réponse des opposants aux approches décolonialistes de la société est cinglante. Ces derniers s'approprient le mot ***woke*** pour tourner en dérision les personnes offensées des injustices subies par les minorités, et qui se mobilisent pour les combattre. Attesté en français en 2017, il est formé sur l'anglais *to wake* « se réveiller » et était originellement utilisé dans l'argot des Afro-Américains. En 2020, son dérivé, ***wokisme***, est créé pour désigner ce courant de pensée d'origine américaine.

À partir de l'anglais *cancel culture*, les expressions « **culture de l'effacement** » et « **culture de l'annulation** » apparaissent pour désigner les actions de bannissement de l'espace public ou de la mémoire collective de personnalités ou d'œuvres, au nom de certaines valeurs. Sur les réseaux sociaux, on se moque des ***SJW*** (sigle de *Social Justice Warrior*, « guerrier de la justice sociale »), terme apparu en 2011 d'abord avec une connotation positive, mais qui désigne de manière péjorative les militants des causes sociales et de l'égalité.

Chronologie

2013 Création du mouvement Black Lives Matter, après l'acquittement d'un homme ayant tué un adolescent noir, Trayvon Martin.

2014 Le mot « woke » se généralise aux États-Unis après les émeutes de Ferguson, déclenchées par le meurtre d'un homme noir, Michael Brown, par un policier blanc.

2018 Le 3 mars, le journal *Le Monde* titre un article intitulé : « Ne soyez plus cool, soyez "woke" ».

2021 Jean-Michel Blanquer lance un Laboratoire de la République pour lutter contre le wokisme.

« Ce n'est d'ailleurs pas du tout un hasard que la définition de "woke" soit difficile à poser : les conservateurs n'ont aucun intérêt à ce que l'on puisse définir le terme. »

Albin Wagener, France Info, 19 octobre 2021.

Avec le temps, tout fout le camp

De l'ensemble des domaines conceptuels les plus propices à la néologie, l'environnement est celui qui a accueilli le plus de mots nouveaux, confirmant qu'au XXIe siècle, l'écologie est devenue un enjeu indéniable.

Depuis les années 1960, le préfixe* *éco-* (du grec *oikos* « maison » ou « habitat ») a donné naissance à de nombreux termes reflétant les diverses préoccupations contemporaines. Dans les années 2000, ce préfixe a encore été fort productif comme ***écoanxiété*** qui désigne l'angoisse liée aux préoccupations environnementales croissantes. La pratique de marketing trompeuse utilisée par une organisation pour se donner une image écologique responsable a été dénommée ***écoblanchiment*** pour traduire l'anglicisme *greenwashing* avec la proposition alternative ***verdissement d'image***. Les architectes et designers se plient à de nouvelles demandes de leurs clients : fabriquer de manière à garantir un impact écologique réduit sur l'environnement dont le verbe ***écoconcevoir*** est le reflet. Nos amis les bêtes ne sont pas oubliées, eux pour qui on construit des ***écoponts*** pour leur permettre de franchir une voie de communication sans risquer de se faire écraser, aussi appelés ***passages à faune***. D'autres mots construits au moyen de différents affixes* nous rappellent que l'écologie est l'affaire de tous. L'affluence excessive de touristes ou ***surtourisme*** (formé avec *sur-*, du latin *super* « excès » ou « surcharge ») devient nuisible dans une région ou un site donné ; la présence de l'homme n'est pas moins toxique pour l'environnement avec le déboisement de zones pouvant « rendre les sols arides » ou ***aridifier***. Le ***surcyclage***, en revanche, peut apporter des solutions. Mieux que le recyclage, il permet de transformer des produits inutilisés ou inutilisables afin de leur offrir une nouvelle vie avec une qualité supérieure. Depuis 2007, les projets qui, par leurs émissions massives de CO_2, contribuent au réchauffement climatique sont ***climaticides*** (*-cide* exprimant la propriété de tuer, détruire).

D'autres termes, peut-être plus obscurs, méritent d'être signalés. L'***agrivoltaïsme*** (mot-valise, de *agri(culture)* et *(photo)voltaïque*, avec le suffixe* *-isme* formé en 2014) désigne la production d'électricité photovoltaïque sur une exploitation agricole. Quant à l'***aquaponie*** (mot-valise, de *aqua (culture)* et *(hydro)ponie*), il s'emploie pour parler d'une culture hors sol de plantes terrestres. Enfin, le verbe *potabiliser* « rendre potable » nous rappelle que l'eau, pour être consommée en toute sécurité, doit subir un traitement spécifique visant à éliminer les contaminants et agents pathogènes.

« Elle [la garde-robe minimaliste] ouvre ainsi la porte à de nouvelles pistes de recherche : peut-on réduire l'écoanxiété avec un mode de vie minimaliste ? »

Ça m'intéresse, 5 février 2022.

Bombe carbone

Nouvelle extraction d'hydrocarbures du sous-sol terrestre.

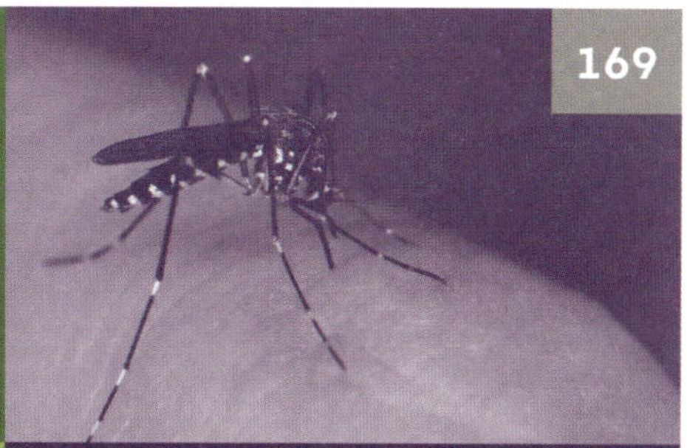

(Neutralité carbone) carboneutralité

Équilibre entre les émissions de CO_2 et leur absorption par les puits de carbone.

Dette climatique

Dette des pays les plus polluants envers les pays les plus touchés par le dérèglement climatique.

Espèces exotiques envahissantes (EEE)

Espèces animales ou végétales introduites dans un territoire hors de leur aire de répartition et qui en menacent l'écosystème.

Mégabassine

Grande réserve d'eau artificielle utilisée principalement dans l'agriculture pour l'irrigation.

Pacte vert

(*Green Deal* en anglais) Initiative de l'Union européenne lancée en décembre 2019, qui consiste en un ensemble de mesures visant à rendre l'économie de l'Europe durable.

Résilience climatique

Capacité des systèmes naturels et humains à anticiper, à préparer, à réagir et à se remettre des impacts des changements climatiques.

Zone à faibles émissions (ZFE)

Espace interdit aux véhicules les plus polluants.

On s'enjaille avec le nouchi* !

Les argots africains occupent désormais une place significative dans la communication à travers le continent. Au-delà de leur rôle en tant que marqueurs identitaires, ils exercent une influence croissante sur le français de France.

À la suite de la période coloniale, de nombreuses régions d'Afrique de l'Ouest et d'Afrique subsaharienne sont devenues des lieux de métissage culturel et ethnique. Sur le plan linguistique, ce métissage se manifeste par l'émergence d'hybridation de plusieurs variétés de langues, pas forcément apparentées génétiquement. Un exemple frappant est le ***nouchi***, né dans les quartiers populaires d'Abidjan dans les années 1980. Le mot « nouchi », issu du malinké et signifiant « poils de nez » en référence à la moustache des caïds, désigne un argot ivoirien qui mêle le français et les langues locales comme le soso, le malinké et le bambara.

Au début du XXIe siècle, par l'intermédiaire des réseaux sociaux, de nombreux nouveaux mots et expressions issus de ce métissage culturel ont été introduits dans l'argot des jeunes, puis dans la langue. En pratique, si on observe leur origine, on peut distinguer trois catégories de mots nouchi : les mots tirés d'une langue européenne (le français, mais aussi l'espagnol ou l'anglais), les mots empruntés à des langues locales, parlées en Côte d'Ivoire et dans les pays voisins, enfin les mots construits.

Parmi les emprunts au français standard, certains mots n'étaient plus en usage et font un *come-back* après avoir survécu en Afrique, à l'instar de ***catin*** « prostituée » ou ***palabre*** « discussion interminable ». Les emprunts aux langues locales sont particulièrement populaires, comme en témoignent les termes en bambara ***go*** « femme, copine, amie », ***djo*** « mec, ami, copain », ***gaou*** « idiot » ou « plouc », ou encore ***tchoin*** « prostituée ou femme facile » (aussi orthographié *tshoin*).

Les mots construits restent sans doute les plus connus. Attesté* dès 2000, le verbe « ***s'enjailler*** » (déformation* de l'anglais *to enjoy* « s'amuser ») fait une entrée remarquée dans les dictionnaires vers 2015. Largement répandu, il n'est plus seulement utilisé par les jeunes. Ses dérivés attestés ***enjaillement*** et ***enjailleur***, ***-euse*** restent plus confidentiels. Un verbe, sémantiquement* proche, originaire de Côte d'Ivoire est employé en France, plus ou moins à la même période. Formé sur « ambiance », ***ambiancer*** signifie « sortir, faire la fête » : on s'ambiance sur le dernier tube de l'été.

« Oh Djadja
Y'a pas moyen Djadja
J'suis pas ta catin
Djadja genre
En Catchana baby
tu dead ça. »

Aya Nakamura,
Djadja, 2018.

Brouteur

Escroc qui piège ses victimes sur Internet. Construit sur *brouter*, il s'emploie pour désigner l'action de manger avec ce que l'on trouve sur place. C'est le sens de « se nourrir sans effort » qui a été retenu.

Boucantier

Dérivé sur le mot *boucan* « vacarme », ce terme désigne de façon péjorative un individu au style de vie ostentatoire et qui a tendance à afficher son aisance matérielle.

Djadja

Interjection issue du bambara qui permet d'exprimer l'incrédulité et qu'on utilise comme un substantif* avec le sens de « menteur ».

Faux-type

Composé de *faux* et de *type*, un *faux-type* est un homme qui ne respecte pas ses engagements volontairement et de manière préméditée.

Tchouffer

Terme nouchi un peu passe-partout que l'on peut paraphraser au moyen du verbe « foirer » (ou plus vulgairement « merder », « niquer »).

Zouglou

Nom baoulé (langue de Côte d'Ivoire) qui signifie « ordures », ou encore « n'importe quoi ». En nouchi, comme en français, le *zouglou* désigne un style musical très en vogue en Côte d'Ivoire. Le groupe Magic System en est le plus célèbre des ambassadeurs.

Selfièvre

Avec l'essor des technologies mobiles, notre vocabulaire s'est enrichi de nouveaux termes liés à l'utilisation des téléphones comme l'illustrent les termes selfie, émoji, vocal ou sexto.

Ces dernières années, un drôle d'objet a fait son apparition dans les zones touristiques : la ***perche à selfie*** accompagne désormais ceux qui peuvent, grâce à cet instrument télescopique, se photographier sans l'aide de personne devant des monuments célèbres, des paysages à couper le souffle ou des célébrités.

Le bras sur lequel est fixé le téléphone portable qui sert à immortaliser l'instant permet de prendre du recul : les visiteurs peuvent rectifier leur coiffure, choisir leur meilleur profil ou sourire de toutes leurs dents pour parvenir à un cliché d'un naturel confondant. L'objet est décrié : c'est le produit d'une société narcissique perdue dans la contemplation de sa propre image. Et il peut être dangereux. Se multiplient en effet les histoires de touristes tombés du haut d'une falaise ou frappés par la foudre alors qu'ils cherchaient à réaliser un autoportrait numérique. Ce que le français du Québec appelle ***égoportrait*** ou ***autophoto*** est généralement destiné à être publié sur les réseaux sociaux, sur lesquels on ***poste un selfie***.

Le mot est forgé sur l'anglais *self*, qui signifie « soi-même ». Un *self-made-man* (en français vers 1880) est un homme qui, littéralement, « s'est fait tout seul » ; on fait preuve de *self-control* (1880) lorsqu'on est capable d'une certaine maîtrise de soi. Le suffixe *-ie* est caractéristique de l'argot australien (on parle d'un *barbie* pour un barbecue) ; le mot ***selfie*** aurait été inventé au début des années 2000. Il n'était alors connu que des anglophones. Mais en 2012, le célèbre *Oxford English Dictionary* en fait (en anglais) le mot de l'année. Les agences de presse du monde entier reprennent le mot, faisant fi de la spécificité des langues, et voilà, en quelques heures, *selfie* devenu mot allemand, français, espagnol, russe… Personne n'a remarqué que ce mot de l'ego ne faisait allusion ni à la photo, ni au portable. Peu importait ; l'anglophonie dicta le mot, les fabricants de portables et le panurgisme imitatif répandirent la chose.

« Plus de SMS, plus d'appel, plus aucune nouvelle, comme ça, du jour au lendemain, sans explication… Si cette situation vous semble familière, vous avez peut-être été "victime de ghosting" ou "ghosté". »

20 minutes, 28 juillet 2023.

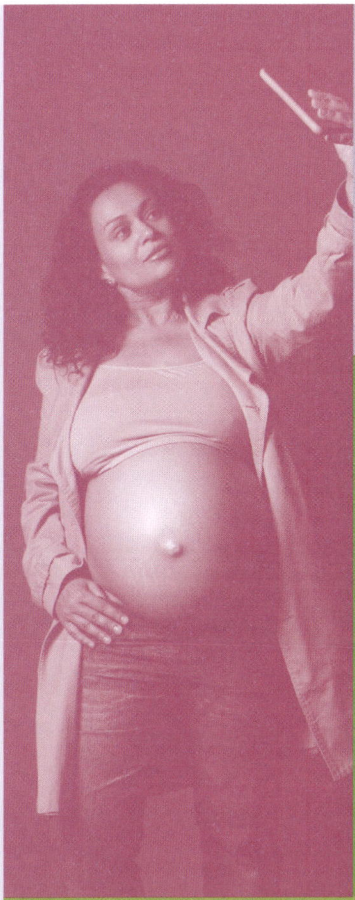

Émoji

Ce mot, attesté* en 2013, est un nom de marque déposée, créé à partir des mots japonais *e* « dessin » et *moji* « lettre ». C'est un pictogramme utilisé dans les messages électroniques et les pages web sous une forme stylisée par rapport aux *émoticônes*.

Ghoster

Formé sur l'anglais *ghost* « spectre, fantôme », le verbe *ghoster* s'emploie pour qualifier l'arrêt de communication avec une autre personne, sans explication ni préavis.

Nomophobie

Traduction de l'anglais *nomophobia*, qui se compose de *no mo(bile)* « sans portable » et de *phobia* « phobie », la nomophobie décrit la peur de se retrouver sans téléphone portable, illustrant les angoisses modernes liées aux avancées technologiques.

Phubbing

Ce mot-valise* formé à partir de l'anglais *phone* « téléphone » et de *snubbing* « snober, ignorer » peut se traduire par « télésnober », activité d'ignorer les personnes autour de soi en étant absorbé par son téléphone.

Sexto

Contraction de « sexe » et de « texto », le *sexto* est un message à caractère sexuel envoyé par téléphone. Le verbe *sextoter* (envoyer des sextos) est également attesté.

Vocal

Message vocal envoyé *via* une application de messagerie instantanée, comme WhatsApp. En Suisse, on utilise plutôt le mot *audio* (forme abrégée de *message audio*), alors qu'au Québec l'anglicisme *voice* (abréviation de *voice message* ou *voice note*) tend à s'imposer.

Je, tu, iel

L'écriture inclusive, ou langage épicène, qui se donne pour but d'éliminer les biais de genre dans la communication écrite, a généré des néologismes* dans la langue française.

En 2017, un manuel scolaire destiné à des élèves de CE2 est rédigé en ***écriture inclusive***, expression alors nouvelle. Les noms sont écrits à la fois au masculin et au féminin en utilisant des ***points médians*** (agriculteur·trice·s, artisan·e·s). Rapidement, cette écriture, dont l'objectif est de contrer le masculinisme linguistique en utilisant des formes épicènes, non genrées ou neutres, se fait une place dans le débat public. Le concept est en fait assez ancien, et recouvre des stratégies spécifiques pour intégrer l'ensemble des identités de genre dans la langue écrite.

La première, la plus décriée, consiste en l'insertion d'un point médian, pour contenir simultanément les formes masculine et féminine d'un mot comme « étudiant·e ». Son usage, controversé et non standardisé, gagne en popularité dans certains milieux académiques et professionnels.

Autre stratégie, l'utilisation de ***doublets*** pour écrire les deux genres de manière complète : « les étudiants et les étudiantes », afin d'éviter toute ambiguïté. Ils ont l'avantage de la clarté, mais leur utilisation excessive peut rendre la lecture moins fluide.

Petit rappel de la nouvelle règle grammaticale de l'accord de proximité : on accorde avec le nom le plus proche, indépendamment de son genre. On ne dira plus par exemple « les hommes et les femmes sont beaux », mais « belles ». Cette méthode remet en question la règle traditionnelle où le masculin l'emporte, offrant une alternative plus équilibrée et respectueuse des genres.

Dernière stratégie, l'utilisation de mots ***épicènes**** consiste à choisir des termes qui n'indiquent pas de genre spécifique. Au lieu de dire « nos employés et collaborateurs seront payés les jours de grève », on dira « notre personnel sera... ». L'usage conscient et systématique de ce type de mots réduit les biais de genre. Cette méthode est souvent la plus facile à adopter car elle ne modifie pas fondamentalement la structure de la langue.

Enfin, de nombreux néologismes ont été créés ces dernières années pour effacer les traces du masculin et du féminin dans les mots genrés. Les pronoms ***toustes*** (toutes et tous), ***celleux*** (celles et ceux), ***iel*** (il et elle) sont ainsi couramment utilisés tandis que les noms et adjectifs non genrés ont plus de mal à s'imposer comme ***belleau***, mot-valise composé de *belle* et de *beau*, ou ***copaine***, résultat de la combinaison de *copain* et *copine*.

« Dans la voiture, iel me dit : “Je me sens comme un garçon dans un corps de fille”. »

Libération, 29 mai 2024.

Je est un(e) *autre*

Écriture inclusive
Si les stratégies pour rendre le français moins genré ne datent pas d'hier, l'écriture inclusive, apparue seulement en 2017, cristallise les débats et revient régulièrement sur le devant de la scène au gré des relances médiatiques de certains journalistes ou politiques.

Iel
Ce pronom personnel sujet de la troisième personne, attesté* pour la première fois en 2009, semble avoir été utilisé auparavant. Au singulier « iel » et au pluriel « iels », il est employé pour évoquer une personne quel que soit son genre. L'entrée de ce pronom dans la version en ligne du dictionnaire Le Robert a provoqué en 2021 une vive polémique.

FRÉQUENCE DANS L'USAGE DES MOTS *IEL* ET *ÉCRITURE INCLUSIVE*, DE 2015 À NOS JOURS**

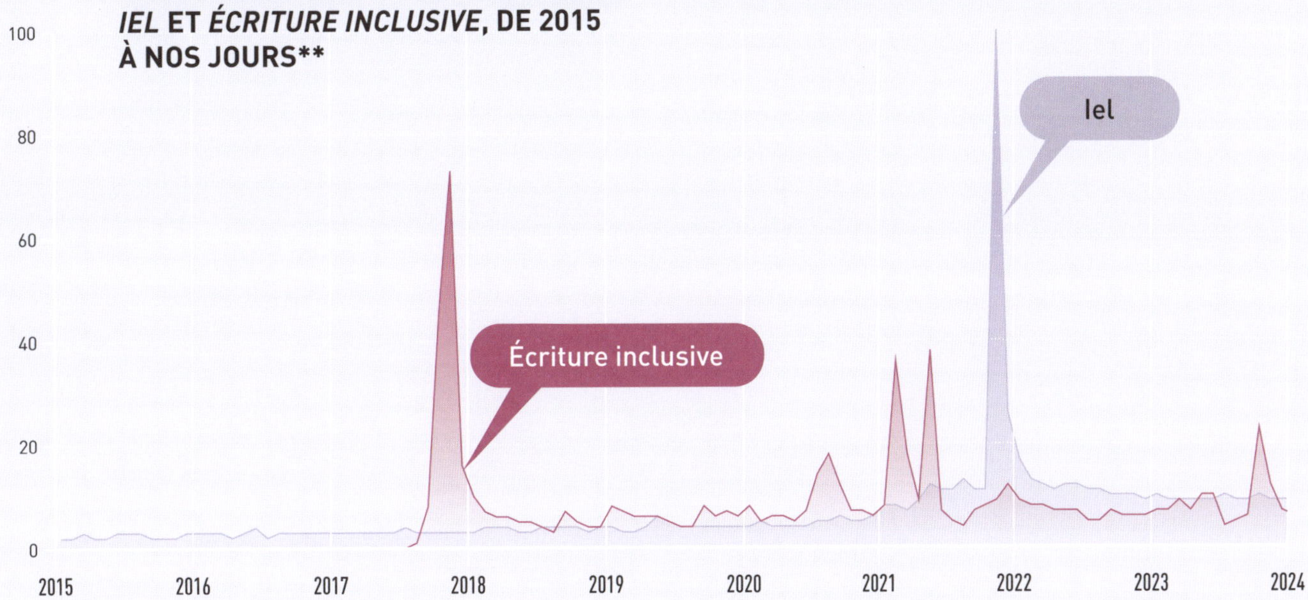

** dans les recherches Google Trends

Argent cryptique

Au début des années 2010, l'émergence des cryptomonnaies, appuyées par la technologie blockchain, a transformé le paysage financier mondial et introduit une nouvelle ère de transactions sécurisées et anonymes.

En 2013, le mot ***cryptomonnaie***, de l'anglais *cryptocurrency*, *crypto* signifiant en grec « caché », apparaît, indispensable pour décrire ces monnaies virtuelles qui utilisent des techniques de cryptographie pour sécuriser les transactions et contrôler la création de nouvelles unités. Contrairement aux monnaies traditionnelles, elles ne dépendent d'aucune autorité centrale, ce qui leur confère une forme d'anonymat. Elles reposent sur des technologies de registre distribué, telles que la ***blockchain,*** anglicisme* où l'on reconnaît les éléments *block* « bloc » et *chain* « chaîne », qui assurent la transparence et la sécurité des échanges tout en éliminant le besoin d'intermédiaires financiers. Depuis la création en 2009 du ***bitcoin***, marque déposée, qui amalgame les mots anglais *bit* « unité élémentaire d'information » et *coin* « pièce de monnaie » (abrégé sous le sigle BTC), le nombre de cryptomonnaies n'a cessé de croître. Il existe aujourd'hui des milliers de variantes disponibles sur le marché. Ces monnaies numériques sont souvent utilisées comme une alternative aux systèmes de paiement traditionnels, dans la mesure où elles permettent des transactions rapides, sécurisées et à faible coût, sans les restrictions géographiques ou les frais bancaires élevés. Le ***minage*** (de l'anglais *mining*) informatique est le processus de validation, en échange d'une rémunération, d'un ensemble de transactions effectuées en cryptomonnaie avant inscription sur une blockchain. Le minage du bitcoin, par exemple, nécessite une puissance de calcul importante et est souvent réalisé par des ***fermes de minage***, soit de grandes installations équipées de milliers d'ordinateurs dédiés à cette tâche. Cette activité est récompensée par une ***prime de minage***, qui consiste en des unités de la cryptomonnaie minée. En parallèle, les ***NFT***, sigle pour *Non-Fungible Tokens*, « jetons non fongibles », également basés sur la technologie blockchain, ont introduit une nouvelle façon de posséder et d'échanger des œuvres d'art et des objets de collection numériques. Contrairement aux cryptomonnaies classiques, chaque NFT est unique et indivisible, ce qui en fait un objet de valeur distinct. Cette innovation a ouvert des perspectives inédites dans le domaine de l'art numérique et des objets de collection. Ce qui a permis aux créateurs de monétiser directement leurs œuvres et aux collectionneurs de posséder des pièces authentiques et traçables.

Chronologie

2008 Satoshi Nakamoto crée la première base de données avec une blockchain ainsi que le concept de bitcoin.

22 mai 2010 Bitcoin Pizza Day : le développeur Laszlo Hanyecz se fait livrer 2 pizzas en échange de 10 000 bitcoins.

2013 Le cours du bitcoin fait du yo-yo passant de 755 dollars à 378 puis 1 163 dollars avant de chuter en 2015 à 152 dollars.

2014 La plateforme Mt. Gox fait faillite après son piratage et le vol de milliers de bitcoins.

2019 7 plateformes se font pirater, avant de donner naissance à un système plus sécurisé.

2021 Record historique du cours du bitcoin à 69 000 dollars.

2024 19,6 millions de bitcoins sont en circulation.

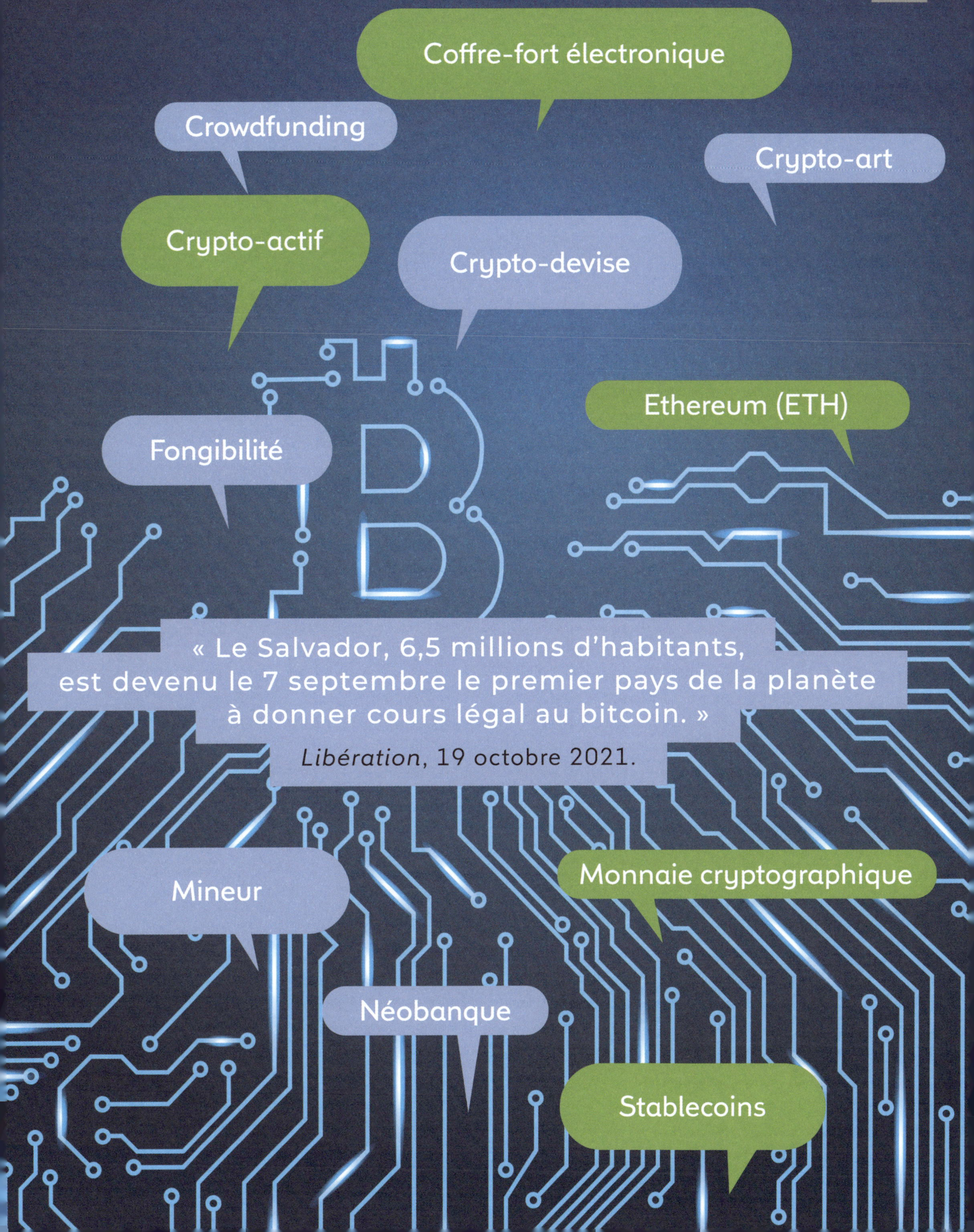

« Le Salvador, 6,5 millions d'habitants, est devenu le 7 septembre le premier pays de la planète à donner cours légal au bitcoin. »

Libération, 19 octobre 2021.

Glossaire

ACRONYME
N. m. Sigle prononçable comme un mot ordinaire. *ovni : « o(bjet) vo(lant) n(on) i(dentifié) ».*

AFFIXE
N. m. Élément susceptible d'être incorporé à un mot, avant → préfixe (*éco*-pont) ou après → suffixe (tend-*ax*) le radical pour en modifier le sens ou la fonction.

ANGLICISME
N. m. Emprunt* à la langue anglaise (sous toutes ses variantes, souvent à l'américaine ; soit syntaxique, soit, plus souvent, lexicale et phraséologique*).

ANGLO-SAXON, ANGLO-SAXONNE
N. m./Adj. Relatif aux peuples de civilisation britannique.
Une coutume anglo-saxonne.

ANTONOMASE
N. f. Processus par lequel un nom propre est utilisé comme nom commun.
Le mot tupperware® *est à l'origine le nom d'une marque de boîtes en plastique.*

APHÉRÈSE
N. f. Chute d'un phonème* ou d'un groupe de phonèmes (ou des graphèmes* correspondants) au début d'un mot (opposé à *apocope*). Fax *est l'aphérèse de* téléfax®.

APOCOPE
N. f. Chute d'un son ou d'une ou plusieurs syllabes à la fin d'un mot.
On dit « relax » pour « relaxé », « nympho » pour « nymphomane » par apocope.

ATTESTÉ, ATTESTÉE
Adj. Dont il existe des exemples connus.
Mot, emploi attesté par un texte. Forme non attestée, hypothétique, reconstituée.

BASE (MOT)
N. f. (N. m.) Radical qui est un mot de la même langue que le dérivé.
Par exemple, contester *constitue la base du mot* contestataire.

CALQUE
N. m. Traduction littérale d'une expression ou d'un mot dans une autre langue avec adaptation minimale de l'orthographe.
Naturopathie *et* pair-à-pair *sont des calques de* naturopathy *et de* peer-to-peer *en anglais. Le calque est un type d'emprunt.*

COMPOSITION (LINGUISTIQUE)
N. f. En linguistique, procédé de formation des mots qui consiste à combiner deux ou plusieurs mots pour en créer un nouveau.
→ **composé.** *Le mot « lave-linge », apparu en 1925, est un exemple de mot composé.*

DÉFORMATION (LINGUISTIQUE)
N. f. Altération d'un mot ou d'une expression au fil du temps ou à travers son adoption par différentes communautés linguistiques.
→ **déformé.** *Le verbe « s'enjailler », déformation de l'anglais* to enjoy, *est un exemple de déformation linguistique.*

DÉRIVÉ

N. m. Mot créé à partir d'un autre mot, le plus souvent par un processus d'affixation → affixe.

Adj. Qui est dérivé à partir d'un autre mot. Instagrammeuse *est dérivé sur* Instagram *au moyen du suffixe** -euse.

EMPRUNT

N. m. Acte par lequel une langue incorpore un élément d'une autre langue ; élément (mot, tour) ainsi incorporé. Emprunts à l'anglais. *Le mot* quiche *est un emprunt au lorrain. → calque.*

ÉPICÈNE

Adj. Qui désigne aussi bien le mâle que la femelle d'une espèce. *Nom épicène masculin : le rat ; féminin : la souris.*

Dont la forme ne varie pas selon le genre. *Adjectif* (habile), *pronom* (tu) *et substantif* (enfant) *épicènes.*

ÉPONYME

Adj. Qui donne son nom à (qqn, qqch.). *Athéna, déesse éponyme d'Athènes. Tenir le rôle éponyme d'une pièce, d'un film : le rôle d'Ondine dans la pièce du même nom.*

ÉTYMON

N. m. Mot attesté ou reconstitué, qui donne l'étymologie d'un autre mot. *Étymon latin, grec. Le latin* dedicatio *« consécration, dédicace » est l'étymon du français régional* ducasse.

EUPHONIE

N. f. Harmonie des sons qui se succèdent dans le mot ou la phrase.

→ **euphonique.** *Qui présente une harmonie agréable des sons.*

GRAPHÈME

N. m. Unité de base d'un système d'écriture, représentant un son ou une idée, comme une lettre ou un signe de ponctuation. *Chaque lettre, comme « a », « b », « c », est un graphème.*

HIATUS

N. m. Rencontre de deux voyelles, de deux éléments vocaliques, soit à l'intérieur d'un mot (*aérer, géant*), soit entre deux mots énoncés sans pause *(Il a été)*.

HYPERBOLE

N. f. Figure de style qui consiste à mettre en relief une idée « au moyen d'une expression qui la dépasse » (Marouzeau).

→ **hyperbolique.** *Parler simplement, sans hyperbole.*

LOCUTION

N. f. Groupe de mots fixé par la tradition, dont le sens est souvent métaphorique, figuré. *La suite de mots « planche à voile » est une locution qui traduit l'anglais* windsurf.

MÉTONYMIE

N. f. Figure de rhétorique, procédé de langage par lequel on exprime un concept au moyen d'un terme désignant un autre concept, qui lui est uni par une relation nécessaire (la cause pour l'effet, le contenant pour le contenu, le signe pour la chose signifiée). *Boire un verre (le contenu), ameuter la ville (les habitants).*

→ **métonymique.** *Employer des expressions métonymiques pour enrichir le langage, comme utiliser « Bisounours » pour désigner l'ensemble de la franchise Care Bears®.*

MOT-VALISE

N. m. En linguistique, mot créé par la fusion de deux mots existants, dont les parties sont combinées pour former un mot unique ayant un sens propre. *Le mot « adulescent », combinant « adu(lte) » et « (ado)lescent », est un exemple de mot-valise.*

NÉOLOGISME

N. m. Emploi d'un mot ou d'une expression dont la forme est soit créée, soit obtenue par déformation*, dérivation*, composition*, emprunt*, etc.

NOUCHI

N. m./Adj. Langue hybride née en Côte d'Ivoire, combinant le français et les langues locales, utilisée principalement par les jeunes et dans les milieux urbains populaires. Elle se caractérise par des emprunts et des innovations lexicales, syntaxiques et phonétiques. *Les mots* go, djo *ou* tchoin *sont des mots d'origine nouchi.*

ONOMATOPÉE

N. f. Création de mot suggérant ou prétendant suggérer par imitation phonétique la chose dénommée ; le mot imitatif lui-même. *Onomatopées désignant des sons naturels (*atchoum, cocorico, miam, toc-toc*) ou artificiels (*broum, pin-pon*).*

PHONÈME

N. m. En linguistique, unité sonore minimale et distinctive d'une langue, qui permet de différencier des mots par le changement d'un seul de ses éléments. *En français, les sons /p/ et /b/ dans « pas » et « bas » sont des exemples de phonèmes distinctifs.*

PHRASÉOLOGIQUE

Adj. Relatif à la phraséologie, c'est-à-dire à l'étude des expressions figées et des locutions dans une langue. Ce terme englobe les différents types de combinaisons de mots qui forment des unités de sens fixes. *Les expressions idiomatiques comme « prendre son pied » ou « avoir la haine » sont des exemples de constructions phraséologiques.*

PONCTUANT

N. m. Signe de ponctuation graphique (point, virgule, etc.) ou (ensemble de) mot(s) employé(s) au début, au milieu ou à la fin d'un énoncé à l'oral. Tu vois, genre, enfin, zaama, *etc.*

PRÉFIXE

N. m. Élément de formation de mots ; affixe qui précède le radical. *En français, les préfixes d'origine grecque comme* bio- *ou* méta- *ont été particulièrement productifs pour créer de nouveaux mots depuis les années 1960.*

RACINE

N. f. Élément irréductible d'un mot, obtenu par élimination de tous les éléments de formation et indices grammaticaux, qui correspond à une productivité dans l'histoire et constitue un support de signification. *→ radical* ; base*. Dans le cas de « contester », la racine « testis » signifie « témoin » en latin.*

RADICAL

N. m. Toute forme particulière prise par la racine d'un mot dans le discours. *Par exemple, dans le mot* contester, *le radical est « contest- », qui vient du latin* contestari.

SÉMANTIQUE

N. f./Adj. Étude méthodique du langage considéré du point de vue du sens ; théorie visant à rendre compte des phénomènes signifiants dans le langage.

SIGLE

N. m. Abréviation formée par les lettres initiales des mots qui composent un groupe de mots, chaque lettre étant prononcée séparément (→ *acronyme**). *Par exemple, « SDF » pour « Sans Domicile Fixe » ou « ONU » pour « Organisation des Nations Unies ».*

SUBSTANTIF

N. m. Unité du lexique (mot ou groupe de mots) qui peut se combiner avec diverses unités linguistiques exprimant des modalités particulières (articles ; pronoms démonstratifs, possessifs ; marques du genre et du nombre, etc.) et qui correspond sémantiquement à une substance (être ou classe d'êtres, choses, notions). Machisme, malbouffe *et* digitalisation *sont tous les trois des substantifs.*

SUFFIXE

N. m. Élément de formation (→ affixe*) placé après une racine, un radical pour former un dérivé. *En français, les éléments* -sphère *et* -phobie *qui se placent à la fin des mots sont des suffixes qui servent à former des néologismes*.*

SUPERLATIF

N. m./Adj. Qui exprime le degré supérieur d'une qualité, défini absolument ou par rapport à un ensemble déterminé. *Après une journée stressante, il était complètement* éclatax, *un superlatif parfait pour décrire son épuisement total.*

TRONCATION

N. f. Procédé d'abrègement d'un mot polysyllabique par suppression d'une ou plusieurs syllabes. Radio *et* vélo *sont des troncations de* radiographie *et de* vélocipède.

VARIANTE

N. f. Moyen d'expression (mot, tour, prononciation) qui s'écarte d'une référence, d'un type (pour des raisons stylistiques, de milieu, etc.). *Variante dialectale d'un mot. Variante stylistique.* Forme différente d'une forme de référence, de même nature. Variantes orthographiques d'un mot.

VERLAN

N. m. Argot conventionnel consistant à inverser les syllabes de certains mots. « Laisse béton » *pour » laisse tomber »,* féca *pour* café, *tromé pour* métro, *ripou pour* pourri.

→ **verlanisé.** *Le mot « fou » devient « ouf » lorsqu'il est verlanisé.*

Index

T

U

V

W

Y

Z

Références

Bibliographie

ATILF, *Trésor de la Langue Française informatisé*.
— Base textuelle Frantext (en ligne), ATILF-CNRS et université de Lorraine, 1998-2020.
Bauche, G., *Le langage populaire : Grammaire phonétique et morphologique,* Paris, Payot, 1920.
— *Le langage populaire : Vocabulaire*, Paris, Payot, 1928.
Bernet, C. & Rézeau, P., *On va le dire comme ça : dictionnaire des expressions quotidiennes*, Paris, Balland, 2008.
Boyer, H. (éd.), *Les mots des jeunes. Observations et hypothèses (= Langue française 114)*, Paris, Armand Colin, 1997.
Brunet, E., « Le vocabulaire français de 1789 à nos jours d'après les données du Trésor de la Langue Française ». *Congrès Informatique et Sciences humaines*, L. Delatte, nov. 1981, Liège, Belgique.
Calvet, L.-J., *L'argot*, Paris, Presses Universitaires de France, 2007.
Cellard, J. & Rey, A., *Dictionnaire du français non conventionnel*, Paris, Hachette, 1980.
Cerquiligni, B., *La langue anglaise n'existe pas*, Paris, Gallimard, 2024.
Chaurand, J. (éd.), *Nouvelle Histoire de la langue française*, Paris, Seuil, 1999.
Dauzat, A., *Histoire de la langue française,* Paris, Payot, 1930.
Gadet, F., *Le français populaire*, Paris, Presses Universitaires de France, 1992.
— *Le français ordinaire*, Paris, Armand Colin, 1996.
— *La variation sociale en français*, Paris, Ophrys, 2003.
— (coord.), *Les parlers jeunes dans l'Île-de-France multiculturelle*, Paris, Ophrys, 2017.
Goudailler, J.-P., « De l'argot traditionnel au français contemporain des cités », *La linguistique*, 38, 5-24, 2002.
Guiraud, P., *L'argot*, Paris, Presses Universitaires de France, 1956.
— *Le français populaire*, Paris, Presses Universitaires de France, 1965.
Humbley, J., « Vers une typologie de l'emprunt linguistique », *Cahiers de lexicologie* 25, 46-70, 1974.
Marchello-Nizia, Ch., Combettes, B., Prévost, S. & Scheer, T. (éds), *Grande Grammaire historique du français*, Berlin, Boston : De Gruyter Mouton, 2020.
Mela, V., « Parler verlan : règles et usages », *Langage et société*, 45, 47-72, 1988.
Niklas-Salminen, A., *La lexicologie*, Paris, Armand Colin, 2015.
Pozzuoli, A., *Dictionnaire des yéyés à l'usage des fans*, Paris, Pygmalion, Documents
et Témoignages, 2009.
Pruvost, J., *La story de la langue française, ce que le français doit à l'anglais et vice versa*, Paris, Tallandier, 2020.

— *Les Dictionnaires français : outils d'une langue et d'une culture*, Paris, Ophrys, 2006.
Rey, A., *Le Dictionnaire historique de la langue française*, nouvelle édition augmentée, Paris, Le Robert, 2019.
Rey, Ch., *Dictionnaire et société*, Paris, Champion, 2020.
Vincenti, A., *Les mots du bitume. De Rabelais aux rappeurs, petit dictionnaire de la langue de la rue*, Paris, Le Robert, 2017.
Walter, H., *Le français dans tous les sens*, Paris, Robert Laffont, 1988.
Wartburg, W. von, *Französisches Etymologisches Wörterbuch. Eine darstellung des galloromanischen sprachschatzes*, Bonn/Leipzig/Bâle, Teubner/Klopp/Zbinden, 1922-2002.

DONNÉES DES GRAPHIQUES

Décennies 1960 à 2000

Les données proviennent de Google Ngram, qui repose sur l'ensemble des ouvrages numérisés par Google. Sur l'axe des ordonnées, les chiffres représentent la fréquence relative d'occurrences d'un mot ou d'une phrase dans l'ensemble des livres numérisés pour une année donnée, exprimée en parties par million (PPM). Cela signifie que ces chiffres indiquent combien de fois un terme apparaît pour chaque million de mots dans les livres publiés cette année-là. Par exemple, une valeur de 1 PPM sur l'axe des ordonnées signifie que le mot ou la phrase apparaît 1 fois pour chaque million de mots dans les livres publiés cette année-là. Si une valeur est de 50 PPM, cela signifie que le terme apparaît 50 fois pour chaque million de mots.

Décennies 2010 et 2020

Les données proviennent de Google Trends, un outil qui permet de rendre compte de l'intérêt de recherche relatif pour un terme spécifique sur Google. Les chiffres sur l'axe des ordonnées dans Google Trends montrent l'intérêt relatif pour un terme de recherche au fil du temps, normalisé sur une échelle de 0 à 100 pour établir des comparaisons entre différentes périodes et différents termes de recherche.

Crédits iconographiques

P. 10 Tom Kelley Archive/iStock ; p. 13 Tom Kelley Archive/iStock ; p. 14 Jason Verschoor/iStock ; p. 15 yasmin khalifa/iStock ; p. 17 blantiag/AdobeStock ; p. 19 Marzolino/Shutterstock ; p. 21 Evgeniia Khudiakova/iStock ; p. 22 Zalina Dodokhova/iStock ; p. 23G George Marks/iStock ; p. 23D mariesacha/Shutterstock ; p. 24 amebar/AdobeStock ; p. 25 GSapphire/Shutterstock ; p. 26 gerenme/iStock ; p. 29M Elzbieta Sekowska/Shutterstock ; p. 29 Art n Peaches/Shutterstock ; p. 31-32 Tom Kelley Archive/iStock ; p. 33HD Shaiith/iStock ; p. 33BD rattodisabina/iStock ; p. 33HG Claudio Divizia/Shutterstock ; p. 34 marinakutukova/AdobeStock ; p. 35 flukesamed/AdobeStock ; p. 37 Jan/AdobeStock; p. 39 Nasa ; p. 40 Glasshouse / Photononstop ; p. 43 Tsunami Designer/AdobeStock ; p. 43M Everett Collection/Shutterstock ; p. 45 Studio Trebuchet/AdobeStock ; p. 45M David Pedre/iStock ; p. 46 freshidea/AdobeStock ; p. 47 frenta/AdobeStock ; p. 48 atlantic-kid/iStock ; p. 49 Dominik Pabis/iStock ; p. 51 atlantic-kid/iStock ; p. 53M ktsimage/iStock ; p. 53 Rene Martin/Shutterstock ; p. 54 Ramiro Ruiz/AdobeStock ; p. 55 Alexandra Lande/Shutterstock ; p. 56 Blueee/Shutterstock ; p. 57 Anterovium/AdobeStock ; p. 59 Marylia/Shutterstock ; p. 60-61 fotomy/iStock ; p. 63 Margarita Serenko/iStock ; p. 65 jchizhe/iStock ; p. 65M Jlmrtz Photo/Shutterstock ; p. 66 alexsl/iStock ; p. 67 Giada Canu/Stocksy/AdobeStock ; p. 69 Zarya Maxim/AdobeStock ; p. 70 Li Zhongfei/AdobeStock ; p. 72 azure/AdobeStock ; p. 73 Mif Design Company/Shutterstock ; p. 75 guteksk7/iStock ; p. 77 Giuseppe .Porzani/AdobeStock ; p. 79 nullplus/AdobeStock ; p. 80 ivanastar/iStock ; p. 81B ChiccoDodiFC/AdobeStock ; p. 81H stockedup/AdobeStock ; p. 83 Cecilie_Arcurs/iStock ; p. 84-85 oneinchpunch/AdobeStock ; p. 87 I MAKE PHOTO 17/Shutterstock ; p. 88 ArtBackground/AdobeStock ; p. 89 Fox_Dsign/AdobeStock ; p. 91M Michael Zysman/Shutterstock ; p. 91H vadimmmus/Shutterstock ; p. 93 Oleksii Arseniuk/Shutterstock ; p. 94 freie kreation/Shutterstock ; p. 95M www.nazarroshchuk.com/AdobeStock ; p. 95 laurha/iStock ; p. 96 weyo/AdobeStock ; p. 98 Formatoriginal/AdobeStock ; p. 99B Darryl Sleath/Shutterstock ; p. 99H Mehaniq/Shutterstock ; p. 101M 大輔 神/AdobeStock ; p. 101 Veronika Oliinyk/iStock ; p. 103 ahavelaar/iStock ; p. 104 www.peopleimages.com/AdobeStock ; p. 105 Alexandru Chiriac/Shutterstock ; p. 107 Deana_Robova/AdobeStock ; p. 108-109 Marcin Robert Balcerzak/AdobeStock ; p. 111G macherstudio/Shutterstock ; p. 111 HD Gal Istvan Gal/Shutterstock ; p. 111B Pepermpron/Shutterstock ; p. 113 Anterovium/AdobeStock ; p. 113 M CactuSoup/iStock ; p. 115 Pavel Losevsky/AdobeStock ; p. 117 Caiaimage/Sam Edwards/iStock ; p. 119 JASCKAL/AdobeStock ; p. 119M Paul Gueu/Shutterstock ; p. 121M stephane/AdobeStock ; p. 121H Petro Artem/Shutterstock ; p. 121B rsooll/Shutterstock ; p. 122 Yingyaipumi/AdobeStock ; p. 124 Alberto Marrupe/AdobeStock ; p. 125 Pictrider/Shutterstock ; p. 126 LightFieldStudios/iStock ; p. 127 Rodrigo/iStock ; p. 129 FoxyImage/AdobeStock ; p. 130 Mazhar Sole/Shutterstock ; p. 131 ink drop/AdobeStock ; p. 131M peopleimages.com/AdobeStock ; p. 133M Myron Standret/AdobeStock ; p. 133 mbolina/iStock ; p. 134-135 ultramansk/AdobeStock ; p. 137 DrAfter123 ; p. 139 cTermit/Shutterstock ; p. 140 smartboy10/iStock ; p. 141M st.kolesnikov/AdobeStock ; p. 141 smartboy10/iStock ; p. 142 Iakov Filimonov/AdobeStock ; p. 143 Vlado Paunovic/AdobeStock ; p. 145 Miljan Lakic/iStock ; p. 146 MikeDotta/Shutterstock ; p. 149 Vanessa Nunes/iStock ; p. 151 Romain TALON/AdobeStock ; p. 151 Markus Mainka/AdobeStock ; p. 152 Westend61/Stefan Schurr/AdobeStock ; p. 153 alotofpeople/AdobeStock ; p. 155 Ivan Yohan/Shutterstock ; p. 157M Tricky_Shark/Shutterstock ; p. 157 aerogondo2/Shutterstock ; p. 158-159 PIERRE-OLIVIER CLEMENT-MANTION/iStock ; p. 161 Protasov AN/Shutterstock ; p. 161M nick_fedirko/AdobeStock ; p. 163M ChenPG/AdobeStock ; p. 163 mart/Shutterstock ; p. 165 franckreporter/iStock ; p. 166 DisobeyArt/AdobeStock ; p. 167 Alexandros Michailidis/Shutterstock ; p. 169B Franco Nadalin/AdobeStock ; p. 169HD fotomarekka/AdobeStock ; p. 169HG Ricochet64/AdobeStock ; p. 171 funkyplayer/iStock ; p. 172-173 georgerudy/AdobeStock ; p. 175B Meeko Media/iStock ; p. 175H Taras Grebinets/iStock ; p. 175M Rawpixel/iStock ; p. 177 Romain TALON/AdobeStock ; p. 179 Anastasiya/AdobeStock.

Achevé d'imprimer en Espagne par Macrolibros en septembre 2024

N° d'éditeur : 375281 / 10291568

Dépôt légal : octobre 2024